최면
심리
수업

최면
심리
수업

정귀수 지음

저절로 북스

차례

13 최면 심리 수업을 시작하며

밀턴 에릭슨과 NLP
수업을 들으며 알아둘 점
추천 책 소개
NLP를 내 것으로 만드는 방법

35 모델링의 과학 NLP

신경 언어 프로그래밍?
천재를 카피하는 도구
세상을 인식하는 틀
심리적 모델링
사람의 마음을 수정하는 방법

61 　최면의 법칙

　NLP의 모태가 된 거장들
　최면의 원리와 현실 창조
　현실 조작의 열쇠 '컨빈서'
　최면 안의 삶, 최면 밖의 삶

81 　세뇌의 법칙

　무대 최면의 원리
　최면과 세뇌는 무엇이 다른가?
　최면적 맥락을 형성하는 방법
　신비체험의 실체
　에릭소니언 스퀘어
　마인드 매핑

119　마음을 다루는 방법

리그레션
전생을 체험하는 기전
파트 테라피
빙의는 진짜 있는가?

147　에릭소니언 NLP

컨빈서 누적과 고착
인간관계의 열쇠
음모론의 실체
모델과의 라포르가 기적을 낳는다
THE MODEL OF MODELS
에릭소니언의 본질

179 　최면 해제의 법칙

월드 모델링
NLP 재정의
뉴로 로지컬 레벨에서 영성의 의미
최면 해제 사례 분석
타인의 심리를 읽는 기본
최면 해제의 열쇠

213 　멘탈리스트가 되자

무의식의 억압은 전달된다
감정의 양극성
멘탈리스트를 위하여

일러두기

1. "최면 심리 수업"은 김덕성, 정귀수 두 사람이 진행한 "NLP 에릭소니언 전문가 과정"의 총 열 번의 강의 중 첫 번째 수업을 책으로 옮긴 것입니다.
2. 강의를 책으로 옮기는 과정에서 구성과 내용이 수정되었습니다.
3. 강의라는 특수성을 고려하여 구어체를 그대로 사용하였으며 일부 영어식 표현도 그대로 두었습니다.
4. 본문의 (웃음)은 수강자의 웃음소리를 표시한 것입니다.
5. 본문의 이미지는 CCL Creative Commons License 을 따르거나 저작권자의 동의를 얻어 수록했습니다. 수록을 허락해주신 모든 분께 감사드립니다.

네이버 카페 "에릭소니언 NLP 공부 모임"에서
더 많은 동영상과 칼럼을 보실 수 있습니다.
http://cafe.naver.com/allissstory

01

최면 심리 수업을 시작하며

제가 실제로 깨달은 건 뭐였냐면
한번 실습하는 것보다 못하다는 거였어요.
한번 실습하고 제대로 된 피드백을 받는 것이
책에 원리가 이렇다고 나와 있는 것을 외우는 것보다
원리를 체득하는 훨씬 강력한 방법이구나.
NLP를 진짜 내 으로 만드는 방법이라는 사실을
절실하게 느꼈습니다.

밀턴 에릭슨과 NLP

밀턴 에릭슨Milton H. Erickson은 천재적인 최면가이자 심리 치료사입니다. 마술 같은 치료 사례들로 그는 '사막의 마법사'라는 별명으로 불렸습니다. 하지만 밀턴 에릭슨은 독자적인 학파를 구축하기는 커녕 "에릭소니언* 은 없다."라며 자신의 최면 기법을 고정된 틀에 넣는 것을 거부했습니다. 뛰어난 능력으로 마거릿 미드Margaret Mead, 그레고리 베이트슨Gregory Bateson 등 당대 유명인사들의 신뢰

* 밀턴 에릭슨을 따르는 사람 또는 학파

를 받았음에도 그다지 유명세를 누리지 못했던 것은 이런 이유였지요. 그의 이름이 널리 알려진 것은 리처드 밴들러Richard Bandler와 존 그린더John Grinder가 창시한 NLPNeuro_linguistic programming를 통해서입니다. 두 사람의 NLP 창시자는 밀턴 에릭슨의 상담 사례, 녹취록, 영상을 분석하고 구조화하여 누구나 밀턴 에릭슨과 같은 능력을 발휘할 수 있도록 NLP라는 체계를 만들었습니다. 그 후 NLP는 세계적으로 코칭, 비즈니스, 인간관계, 자기계발 분야에 큰 영향을 끼치며 대유행을 하게 됩니다.

밝은 빛에는 항상 어두운 그림자가 따라오는 법입니다. NLP가 널리 퍼지고 관련 자격증이 남발하기 시작하며 점점 내용은 얕아지고 기법의 효과도 약해졌습니다. 종국에는 심리상담 계통과 최면 분야 양측으로부터 모두 비판받는 처지에 이르렀습니다. 저는 이 문제의 해답을 바로 밀턴 에릭슨으로부터 찾았습니다. NLP가 만들어지고 대유행을 한 배경에는 NLP가 밀턴 에릭슨을 전달하는 '틀'로써 역할을 했기 때문입니다. 하지만 시간이 흘러 밀턴 에릭슨이 전달하고자 했던 '무정형의 통찰'은 사라지고 틀만 남았기에 점점 그 효과가 줄어들 수밖에 없었던 것입니다. 밀턴 에릭슨의 사례를 겉모습으로 '판단'하는 것이 아니라 사례 안에서 어떤 역동이 있었는지를 이해하고 나서야 그가 전하고자 했던 에릭소니언이 무엇인지 깨달을 수 있었습니다.

밀턴 에릭슨이 세상에 남긴 지혜와 통찰을 다시 되살리고 싶어 강의를 결심하게 되었습니다. 그리고 전달을 위한 가장 좋은 틀은 역시 NLP였습니다. 에릭소니언을 담기에 가장 효과적인 그릇, 지금은 비어 있는 그릇에 에릭소니언을 채우는 작업을 시작했습니다. 에릭소니언 NLP 전문가 과정은 이렇게 탄생했습니다. 이 책은 바로 이 강의를 책으로 옮긴 것입니다. 현장에서는 다양한 이론과 구체적인 사례, 학생들의 질문과 답변이 오고갔습니다. 이런 부분들을 독자가 생생하게 느끼길 바라는 마음으로 딱딱한 문어체는 최대한 줄이고 구어체를 그대로 사용하였습니다. 부디 책을 통해서 현장의 뜨거운 열정과 통찰을 그대로 체화하시기를 기원합니다. 그럼 시작합니다.

수업을 들으며 알아둘 점

인사부터 드리겠습니다. 에릭소니언 NLP 전문가 과정에 참여해주신 여러분을 진심으로 환영합니다. 짧은 시간 동안 진행되는 것도 아니고 비용도 저렴하지 않은 강의임에도 참가해주신 여러분들은 다들 학문에 대한 그리고 자기를 발전시키는 것에 대한 열정이 뜨거우리라 생각합니다. 저도 거기에 부응해서 굉장히 좋은 강의로 기억에 남을 수 있도록 최선을 다할 것을 약속드립니다. 아마 오늘 강의를 들어보시면 아시겠지만, 정형화된 책에 나온 것이나 정규과정에 나와 있는 커리큘럼에 국한되는 것이 아니라 조금은 중구난방식으로 여러 학문이 연결되어 있는데요. 제가 좀 잡식성이라 유관 된 분야 하나만 파는 게 아니라 종교계의 성인들이나 심리학의 거장들에 대해 다방면으로 관심을 가지고 여러 가지 관점을 접하다 보니까 NLP 한 가지를 다룬다 하더라도 다층적인 층위에서 볼 수 있는 눈이 생겼습니다. 하나의 현상을 다양한 층위에서 볼 수 있는 관점 그리고 통찰이 중요하다고 생각합니다. 그리고 그

기반 아래에서 콘텐츠들을 개발해왔기 때문에 지금까지 올 수 있었던 것 같습니다.

강의를 하면서 바라는 바는 이렇습니다. 제가 2006년부터 현재까지 10년이 넘는 시간을 축적해온 노하우들이 있습니다. 그 과정에서 시행착오를 거치면서 많은 삽질을 했거든요. 많은 시간과 노력을 투자해온 만큼 이런 것들을 굉장히 많이 경험했습니다. 그러면서 얻은 것들을 최대한 여러분과 공유했으면 좋겠습니다. 또 제가 가진 것들을 가능하면 많이 가져가실 수 있도록 여러분들이 질문도 좀 많이 해주셨으면 좋겠습니다.

듣다가 그건 좀 내가 듣기에 이해가 안 된다. 하는 것들이 있을 때 그냥 넘어가지 말아주셨으면 좋겠어요. 동시에 강의를 듣게 되면 이런 경우들이 있습니다. 강사가 이야기하는 걸 쭉 들으면서 나도 나의 세계관이 있잖아요. 나의 지식체계가 있고 그래서 그것과 견주어보는 작업을 나도 모르게 하게 됩니다. 저도 워크숍이나 세미나 같은 곳을 가게 되면 전문가가 강의한다고 해도 그 사람이 어떤 시나리오를 가지고 어떤 논리체계를 가지고 이야기하는지에 대해서 제 것과 비교해가면서 취할 것들은 취하고 반박할 것들은 반박하면서 듣습니다.

그런데 소수로 진행되는 강의나 일대일 코칭이 아닌 대중 강연을 하는 경우에는 반박하고 싶은 마음이 있어도 그 사람과 개인적인 교류를 할 수 있는 여건이 안 되기 때문에 혼자 마음속으로 비판적인 생각을 정리하고 끝내는 경우들이 많단 말이죠. 지금 우리는 소규모로 얼굴 대 얼굴로 보고 하는 시간이기 때문에 자기가 기존에 가지고 있던 관념이나 지식 체계와 맞지 않거나 맞추기 위해서 좀 더 설명이 필요하다고 하는 부분이 있으실 때 적극적으로 의견 제시를 해주시고 맞춰나가면서 충분히 저의 강의를 이해할 수 있도록 진행해봤으면 좋겠습니다.[*]

---

[*] 이 책의 독자들은 네이버 카페 "에릭소니언 NLP 공부 모임"을 이용하거나 에릭소니언 NLP 심리 연구소의 문의하기 메뉴를 이용하여 질문해주세요.

에릭소니언 NLP 공부 모임 : http://cafe.naver.com/allissstory
에릭소니언 NLP 심리 연구소 : http://nlpericksonian.com/

추천 책 소개

수업하기에 앞서서 책 소개를 먼저 좀 드릴게요. 열댓 권 정도를 꺼내놨는데 다 읽으실 필요는 없습니다. 일단 어떤 책이 있는지 소개해드리고 그중에서 꼭 읽으면 좋을 책을 추가로 추천해 드리겠습니다. 첫 번째로 소개해드릴 책은 NLP 계통에서 가장 국내에 기여를 많이 하신 분이라고 생각하는 설기문 박사님이 번역하신 《NLP 입문》이라는 책입니다. 책이 좀 두껍고 교과서같이 생겼고 전공 책 같이 구성되어 있어요. 그래서 딱딱한 느낌이 좀 있습니다. 하지만 "내가 NLP 공부를 했다."고 하려면 NLP에 대한 나름대로 큰 그림, 윤곽을 잡아줄 수 있는 책이 한 권 있으면 좋겠다고 생각하거든요. 이 책이 큰 그림을 이해하기에 좋습니다. 그냥 읽으면 사실 재미가 없어요. 그런데 수업을 따라오시면서 사례들도 좀 듣고 실습도 하고 나서 책을 읽어보시게 되면 그렇게 어렵지 않으실 겁니다.

다음은 《밀튼 에릭슨》이라는 책입니다. 이 책은 학지사에서 출판되었습니다. 학지사는 심리학, 상담학 관련 책을 전문적으로 출판하는 곳입니다. 《밀튼 에릭슨》은 학지사 심리학 거장 시리즈 열세 번째 책입니다. 이 책이 국내에 유일한 밀튼 에릭슨 전기입니다. 이걸 읽어보시면 도움이 많이 되실 것 같은데 한 가지 아쉬운 점이 있다면 번역이 매끄럽진 않아요. 못 읽을 정도는 아니고 읽을 만한데, 깔끔하고 매끄러운 번역은 아니어서 약간의 아쉬움이 있습니다. 그래도 아쉬운 대로 고마운 책이라고 생각하고 있습니다. 밀튼 에릭슨에 대한 이야기를 많이 하게 될 텐데 참고하시면 좋겠습니다.

또 하나는 《신념의 기적》이라는 책입니다. 제목이 별로 사고 싶지 않은 제목이죠? (웃음) 긍정적 자기암시를 반복하는 그런 내용일 것 같잖아요? "할 수 있다고 믿으면 할 수 있다!" 뭐 이런 거 있잖아요. 조금 수상쩍은, 마음으로 생생하게 상상하면 그런 현실이 끌려온다, 그런 내용은 아닙니다. NLP의 고급과정을 담고 있는 책입니다. 책으로 이렇게 잘 나와 있는 경우는 별로 없어요. 이 책의 저자는 로버트 딜츠 Robert Dilts로 NLP 계통에서는 유명한 전문가입니다. 딜츠가 초창기에 쓴 책 중 하나인데 나중에 추가로 설명해 드리겠지만, NLP에서는 신념 체계를 다루는 게 굉장히 중요합니다. 이 책은 신념 체계를 아주 꼼꼼하게 설명하고 생생한 사례까지 포함되어 있는 좋은 책이에요. 다만 좀 어렵습니다. 그래서 수업을 좀 들으면서 읽어나가면 이해가 쉬울 것입니다. NLP를 잘 모르는 분들, NLP 책을 몇 권 안 읽은 분들께 이 책을 권해드리면 중도 포기하는 경우를 정말 많이 봤어요. 한 권 사두고 수업을 진행하면서 슬슬 보셔도 좋고 수업이 끝난 이후라도 보시면 얻을 게 많은 책입니다.

다음은 설기문 박사님이 쓰신 《에릭슨 최면과 심리치료》입니다. 전에 한번 절판됐다가 재간이 됐어요. 이 책은 일단 좀 친절합니다. 설기문 박사님이 직접 쓰신 책이라 번역 투의 문장이 아니라 술술 읽히는 그런 문장들로 되어 있어서 읽기 수월한 장점이 있습니다. 그리고 책 전반부에 밀턴 에릭슨의 삶에 대해서 잘 요약해서 소개해주고 있습니다. 밀턴 에릭슨의 인간적인 매력도 느낄 수 있고 에릭슨의 삶에서 어떤 부분들이 에릭소니언 철학에 영향을 주고 형성되었는지를 잘 이해할 수 있게 구성되어 있어서 읽어볼 만한 책입니다. 그리고 에릭슨 최면이라는 것이 좀 어려운 부분이 있어요. 우리가 수업 중에 충분히 이야기하게 되겠지만, 에릭슨 최면은 명확한 프로토콜, 순서대로 딱딱 진행해나가는 방식으로 되어 있는 것이 아니라 케이스마다 계속 응용을 해야 하는 그런 기법입니다. 그러므로 초심자들이 임할 때 어려움을 겪는 경우가 많은데 이 책에서는 기법별로 이론별로 항목별로 정리를 잘해놨기 때문에 큰 그림을 그리는 데 도움이 될 겁니다.

다음은 《밀턴 에릭슨과 혁신적 상담》이라는 책입니다. 이 책의 표지는 보라색입니다. 밀턴 에릭슨은 선천적 색맹이어서 보라색밖에 볼 수 없었다고 합니다. 그래서 에릭슨 학파의 제자들이 에릭슨을 존경하는 의미에서 보라색을 많이 사용했습니다. 옷을 선물할 때도 보라색으로 선물해드리고 꽃다발을 드릴 때도 보라색 꽃을 갖다 드리고 그런 의미에서 보라색 표지를 선택했다고 합니다. 고기홍, 양정국, 김경복 세 분이 공동저자를 하셨는데 정말 감사한 책입니다. 사실 저서라고 하기에는 반 정도는 저작하신 것 같고 반 정도는 편역에 가깝지 않은가 싶어요. 굉장한 양의 참고 자료들을 보셨습니다. 각종 논문과 원서들을 다 참고하여 사례들을 발췌한 것이 나옵니다. 그 자료들을 다 읽으신 거죠. 그 많은 자료를 다 참고해서서 구성한 목차에 맞춰 필요한 부분들을 다 발췌 번역해서 배치해놓으신 거죠. 저자분들의 정성이 대단합니다. 설기문 박사님의 《에릭슨 최면과 심리치료》가 에릭소니언을 알기 쉽게 정리했다면 이 책은 다양한 사례들을 원서로 읽을 필요 없이 구성지게 잘 번역해서 모아놓았습니다. 그런 의미에서 정말 좋은 책입니다.

《치료적 트랜스》는 스티븐 길리건Stephen Gilligan이 쓴 책입니다. 이 책은 대학교재로 써도 될 만큼 튼실하고 체계를 잘 잡아서 설명하는 책이에요. 에릭슨 최면을 주제로 이 정도로 풍부하게 잘 서술해놓은 책은 드물구요. 무엇보다도 번역이 정말 훌륭합니다. 번역된 책을 읽을 때 가장 어려운 점이 저자가 그 개념과 단어의 뜻을 모르고 맥락을 이해하지 못한 상태에서 번역하게 되면 읽으면서 몇 배는 힘이 들거든요. 잘 이해도 되지 않고. 그런데 이 책을 번역하신 분께서는 조예가 있으신 것 같아요. 번역이 매우 잘 되어 있고 의미 전달도 잘 되어 있습니다. 스티븐 길리건은 에릭슨이 돌아가시기 전 말년에 받은 어린 제자였습니다. 스승의 진전을 쫙 빨아먹어서 자기화시켜 밀턴 에릭슨의 학문과 업적을 후대에 남기는 데 중추적인 역할을 한 사람 중의 한 명입니다.

다음 추천 도서는 《마술처럼 발표하고 거인처럼 말하라》입니다. 본래의 제목은 달라요. 한국에서 앤서니 라빈스*Anthony Robbins가 한창 인기 있었던 적이 있었는데요. 그의 책인 《내 안에 잠든 거인을 깨워라Awaken the giant within》와 이름을 비슷하게 지은 것 같습니다. 아무래도 한국에서 많이 팔릴 수 있도록 이름을 지은 모양인데 그리 많이 팔리지는 않은 것 같습니다. 원제목은 《Presenting Magical》입니다. 이 책의 저자는 앤서니 라빈스가 아니라 테드 제임스Tad James입니다. 테드 제임스도 NLP를 조금만 공부하시면 이름을 쉽게 접하게 되는 유명한 사람입니다. NLP는 참 다양한 분야에 접목

---

* 미국의 유명한 자기계발 코치, 작가

할 수 있는데요. 테드 제임스는 이를 사람들 앞에서 이야기하는 법, 프레젠테이션 스킬에 접목한 세미나를 진행했습니다. 이 세미나를 정리해서 출판한 책이 바로 《마술처럼 발표하고 거인처럼 말하라》입니다.

다음은 《NLP Ⅱ》입니다. 이 책은 원서인데요. 영어가 어렵지는 않습니다. 수능 영어 정도 할 수 있으면 사전을 놓고 읽어가면서 볼 수 있습니다. 저도 영어를 잘하지는 못하는데, 제가 대충 읽을 수 있다는 건 쉽다는 겁니다. 《NLP Ⅰ》이 있으니까 《NLP Ⅱ》가 나왔겠죠? 이십 년 전에 일 편이 나왔습니다. 이 책은 신념의 기적을 썼던 로버트 딜츠가 쓴 책입니다. NLP 역사가 꽤 되다 보니까 NLP 역사 속에서 다른 분야와 합쳐진 부분들이 있어요. 그런 분야의 진전들을 가져와서 NLP 적인 관점에서 응용 버전들이 많이 나왔거든요. 그것을 로버트 딜츠와 딜츠의 딸이 협업해서 출판하였습니다. 소마틱스Somatics라고 몸에 대한 인지능력을 활동시켜서 심리적인 변화를 일으키는 분야가 있어요. 그런 분야들을 NLP의 관점과 맥락에 초대해서 이야기하고 있습니다.

이 저자들은 이를 3세대 NLP라고 이야기하면서 띄우려고 하는 것 같은데 확 뜨고 있는지는 잘 모르겠어요. 해외에 이런 움직임이 있다고 확인해보는 정도의 의미가 있는 좋은 책입니다.

다음은 《세뇌의 법칙》이라는 책입니다. 이 책의 저자는 일본에서 유명한 사람인데요. 우리나라에는 별로 알려지지 않았습니다. 도마베치 히데토라는 사람이 쓴 책이에요. 옴진리교 사건을 아시나요? 지하철에 살인 가스를 뿌려서 도쿄의 많은 사람이 죽었죠. 그걸 주도했던 옴진리교라는 사이비 단체가 어떤 식으로 신도들을 세뇌했으며 저자인 디프로그래머가 어떤 식으로 세뇌를 풀었는지에 대한 이야기입니다. 세뇌된 사람을 탈세뇌하는 것을 전문적으로 하는 사람을 디프로그래머라고 합니다. 지금은 그것을 전업으로 삼고 있지 않지만 예전에 본인이 했던 디프로그래밍 작업 실화를 담고 있어요. 그리고 세뇌와 탈세뇌의 이론적 배경에 대한 설명을 비교적 잘해주고 있습니다. 절판되었지만 가까운 도서관에서 빌려보실 수 있어요. 소장하실 정도는 아닙니다. 그런데

이 책을 왜 소개해드리냐면 이 책에서 소개하고 있는 세뇌와 탈세뇌의 구조가 NLP에서 바라보는 인간 정신을 프로그래밍으로 바라보고 프로그램을 해킹하기도 하고 수정하기도 하는 그런 작업과 관점이 맞닿아 있어요. 그래서 NLP 용어도 많이 등장해요. 인공 두뇌학의 전문가이기도 합니다. 최면이랑 언어학 이런 것들을 잘 섞어서 자기만의 관점을 서술하고 있는데 좀 깊이 공부해보실 분들은 참고해볼 만합니다.

마지막으로 《사람 중심 상담》이라는 책입니다. NLP랑은 전혀 상관이 없는 책이에요. 하지만 이 책은 꼭 보셨으면 좋겠어요. 인간 중심 상담의 거장 칼 로저스Carl Rogers가 쓴 책입니다. 제가 이 책을 소개해드리는 이유는 균형을 잡기 위해서입니다. 조금 전에 《세뇌의 법칙》을 소개해드렸는데요. 《세뇌의 법칙》에서 바라보는 인간의 정신을 프로그램 구조로 이해하는 관점이 NLP에서는 굉장히 중요합니다. 하지만 그 관점에 너무 함몰되면 문제가 생깁니다. 나의 마음뿐 아니라 타인의 마음에 대해서도 조작의 대상으로만 바라보는 것이 습관이 됩니다. 그리고 결국에는 이런 조작의 관점이 NLP 식으로 말하면 버그를 일으키게 되거든요. 사람의 정신 구조와 감정, 신념 체계나 인간관계에서 일어나는 감정의 역동성과 갈등 상황을 프로그래머로서 바라보는 습관이 사람을 관찰자적인 입장에 고착시키게 됩니다. 관찰자적 입장에서 대상을 파악하고 개입, 조작하는 제삼자적인 입장에 점점 능숙해지고 조작하는 자아에 함몰됩니다. NLP에 몰입하고 숙달되는 과정에서 일어나는 자연스러운 일이지만 문제는 그 자아에 고착되는 것입니다. 삭막한 사람이 되어버려요. 분석적이고 오만한 사람이 된다고 말할 수도 있고요. 인간관계의 단절이 일어나고 주위에 추종자는 있지만, 친구는 없는 그런 일이 일어날 수 있어요. 그런 부분에 대해서 반대 측면에 무게를 실어 균형을 잡아줄 수 있는 굉장히 좋은 책입니다. 칼 로저스의 이론을 직접 다루지는 않겠지만, 로저스로 대변되는 감정에 접촉하는 방식 비유적으로 표현하자면 머리보다 가슴을 더 많이 쓰는 접근에 관해서 이야기가 진행될 것입니다. 그리고 그런 부분들이 좀 더 와 닿으실 수 있으려면 로저스의 이야기를 읽어보시고 경험해보시면 더 잘 흡수가 될 것 같아서 이 책을 소개해드렸습니다.

NLP를 내 것으로 만드는 방법

추천 도서가 많아서 조금 당황하셨나요? 자, 이제 세 권만 딱 추려서 말씀드리겠습니다. 《사람 중심 상담》, 《NLP 입문》 그리고 《에릭슨 최면과 심리치료》 이렇게 세 권을 추천합니다. 여기서 조금 더 욕심내는 분은 《치료적 트랜스》 한 권 정도 추가로 보시면 좋겠네요. 제가 필수 권장 도서로 세 권을 말씀드렸고 본인의 호기심과 관심사에 따라서 제가 지금 말씀드린 책 중에 다른 책들도 보시면 당연히 좋습니다. 유관 분야의 책들이 많이 나와 있으므로 손길 가는 책들이 있으시면 틈틈이 사서 읽어보시면 도움이 될 것으로 생각합니다.

저 같은 경우에 책 욕심이 매우 많았습니다. 지금도 욕심이 없지는 않은데 (웃음) 예전에는 착각하고 있었어요. 무슨 착각을 했냐면 제가 초반 NLP에 꽂혔을 때는 수많은 자료를 모아서 다 읽고 이해하면 잘할 수 있을 줄 알았습니다. 그래서 약간 집착을 했었어요. 해외자료도 조금만 검색해보면

NLP 자료들이 아주 많습니다. 동영상 강의 같은 것도 많고요. PDF 문서 같은 것도 많고 그런 것들을 하드에 남자들이 야동 보듯이 모았어요. (웃음) 보지도 않을 거 다 모아놓고 뿌듯해하고 그랬습니다. 그런데 제가 실제로 깨달은 건 뭐였냐면 한번 실습하는 것보다 못하다는 거였어요. 한번 실습하고 제대로 된 피드백을 받는 것이 책에 원리가 이렇다고 나와 있는 것을 외우는 것보다 원리를 체득하는 훨씬 강력한 방법이구나. NLP를 진짜 내 것으로 만드는 방법이라는 사실을 절실하게 느꼈습니다. 그래서 저는 책이라는 것은 매우 중요하지만, 항상 보조적인 수단이 되어야 한다고 생각합니다. 물론 책 없이 그냥 공부를 시작하려고 하면 막막하므로 책이 있어야 하는 건 분명한 사실이지만 책만 가지고 다 할 수 있는 것은 아닙니다. 항상 이 양쪽 측면을 같이 생각해주셨으면 좋겠다는 당부의 말씀을 드립니다. 이제 본격적으로 들어가 보겠습니다.

우리는
자신의 뇌를 더 잘 다루는 법을
배워야 한다

마음이
어떻게 작동하는지 아는 것이
그것을 도와줄 것이다.

리처드 밴들러 Richard Bandler

02

모델링의 과학 NLP

인간의 세계관 자체가 삶을 연산하는 방식인 거죠.
정보를 연산하고 처리하는 과정이
바로 우리의 경험입니다.
그런데 불쾌하거나 좋지 않은 경험에 갇혀
계속 우울한 경우가 있다면
연산 값이 버퍼링에 걸려서 못 넘어가고 있는 것입니다.
그런 경우에 버퍼링을 풀어준다든지
코드가 얽힌 것을 수정하여
막힘없이 연산 되도록 하는 작업,
그것이 NLP입니다.

신경 언어 프로그래밍?

NLP는 Neuro Linguistic Programming의 약자로, 많이 알려진 이름은 아닙니다. 주변에 가까운 사람들에게 NLP 강의를 한다고 말하면 잘 알아듣지 못하세요. 토플이나 텝스 같은 영어시험의 약자를 말하는 줄 아시는 분도 계십니다. "NLP는 신경 언어 프로그램의 약자입니다."라고 말하면 더는 자세하게 안 물어봐요. "네, 그렇군요."하고 그냥 관심을 끊어요. (웃음) 뭔가 어려운 거고 난 모르는 거구나 하고 관심을 끊어버려요. 모든 사람에게 잘 이해만 되면 굉장히 유용하게 쓸 수 있는 좋은 도구인데 이름이 어려워서 진입 장벽이 좀 있는 것 같아요. 그래서 좀 아쉽습니다.

그런데 이게 말이 어려워 보여서 그렇지 실제 의미는 아주 단순합니다. 단순하게 설명을 드려볼게요. 신경이라는 것은 우리의 오감 신경을 말하는 거라고 생각하면 아주 쉬워요. 보고 듣고 느끼고 맛보고 냄새 맡는 것이 바로 신경입니다. 이러면 좀 쉽지요? 지금 여러분들은 시각을 사용하여 이 칠판을 보고 청각을 사용하여 제 강의를 듣고 있습니다. 이런 신경계 작용으로 이루어지는 모든 것에 Neuro라고 이름을 붙인 것입니다. Linguistic을 알기 쉽게 설명해 드리면 우리는 어떤 경험을 하면 이를 언어로 정리합니다. 논리적으로 개념화시키고 분류하고 그런 인간의 인지적인 기능에 Linguistic이라는 이름을 붙인 겁니다. 우리가 삶을 살면서 생리적인 부분과 심리적인 부분, 이 두 가지가 상호작용하면서 끊임없이 서로 영향을 주고받습니다. 영향을 주고받으면서 마치 컴퓨터에 프로그램이 설치되는 것처럼 특정 행동이 반복되게 됩니다. 굉장히 충격적인 사건이나 같은 일이 반복해서 일어나는 경우 우리 뇌는 그것을 의미가 있다고 판단합니다. 예를 들어 아이가 뜨거운 주전자를 만졌습니다. 펄펄 끓는 물이 들어 있는 주전자를 만지고 굉장한 생리적인 고통을 느끼고 나면 김이 올라오면서 흔들리고 아지랑이가 있는 동그란 무엇은 나를 아프게 하니 만지지 않는 것이 상책이라는 프로그램이 만들어집니다. 신경계에서 일어난 경험이 개념화되어 정리된 것입니다. 이 개념화를 할 때 우리는 언어를 사용합니다. 그래서 Linguistic입니다. 언어로 개념화하기 때문이지요. 우리 삶과 행동의 많은 부분이 바로 개념화된 프로그램의 반복으로 이루어지는데 여기에 Programming이란 이름이 붙었습니다. 프로그램을 일부러 삭제하거나 수정하지 않는 이상 많은 경우 그것이 유지됩니다. 나이가 많을수록 고정된 프로그램이 반복되는 경우가 많아지지요. 그런 무수히 많은 프로그램을 가지고 우리는 살아갑니다. 어때요? 이제 조금 감이 잡히시나요? 여기서는 최대한 간단하게 정의하고 책을 읽어나가면서 더 깊이 이해하게 될 것입니다.

천재를 카피하는 도구

자, 그럼 이 NLP라는 것을 도대체 누가 만들었는지 창시자들에 관해 이야기를 해볼까 합니다. NLP의 창시자는 리처드 밴들러Richard Bandler와 존 그린더John Grinder입니다. 리처드 밴들러는 심리학자였습니다. 1970년대에 실리콘 밸리가 있던 산타 크루즈의 캘리포니아 대학에서 심리학을 전공하는 석사과정 학생이었습니다. 존 그린더는 같은 대학에서 언어학을 가르치는 교수였지요. 이 두 사람이 장단이 맞은 거예요. 심리학과 언어학의 결합을 통해 세상에 없던 새로운 학문이 탄생하게 된 것이지요. 두 사람은 선생과 제자의 관계였지만 척척 손이 맞아서 프로젝트를 진행했다고 합니다.

이 두 사람은 당대에 최고의 상담가이자 놀라운 천재들을 찾았습니다. 바로 프리츠 펄스Fritz Perls, 버지니어 새티어Virginia Satir, 그레고리 베이트슨Gregory Bateson, 밀턴 에릭슨Milton H. Erickson입니다. 70년대 실리콘 밸리 근처에 제 기억이 정확하다면 에살렌 연구소Esalen Institute라는 곳이 있었습니다. 그쪽에는 심리치료와 의식의 변화, 각성 같은 것들을 추구하고 연구하는 사람들이 모여서 굉장히 활발한 활동을 하고 있었어요. 그때가 히피즘이 꽃이 필 무렵이었습니다. 그래서 인간의 정신세계에 대한 지대한 관심이 많이 일어나던 시기였거든요. 그 시기에 인공 두뇌학과 언어학 그리고 심리 상담학 전문가들의 접점이 만들어진 거예요. 단순히 한 분야만 깊게 연구해서 이루어진 것이 아니라 서로 다른 분야의 결합이 놀라운 학문을 창조하게 된 것입니다. 리처드 밴들러와 존 그린더는 사람의 마음을 변화시키는 것에 최고의 능력을 갖춘 천재들을 보고 한눈에 반해버린 거죠. 그리고 "우리도 저렇게 하고 싶다. 저들과 같은 결과를 얻으려면 어떤 행동과 말을 해야 하지?"라는 질문에 대한 답을 찾은 것이 바로 NLP입니다. 두 사람이 찾아간 천재들도 자기 나름대로 논리 체계를 만들고 모델을 만들어서 기법으로 정리하고 그것을 훈련하는 작업을 했지만, 리처드 밴들러와 존 그린더는 목표가 달랐습니다. 이 사람들의 목표는 일반인들도 누구나 그 원리를 배우고 알고리즘을 익히면 천재들이 만들어낸 놀라운 성과와 동일한 결과를 낼 수 있도록 만들고 싶었던 것입니다.

그럼 이쯤에서 모델링이 된 당대의 천재들을 간략하게 소개해보겠습니다. 프리츠 펄스부터 소개해볼게요. 이 사람은 게슈탈트 심리 치료Gestalt therapy를 창시한 사람입니다. 대단한 거장 중의 한 사람입니다. 독일계 사람인데 미국으로 건너가서 일가를 이루었습니다. 펄스는 굉장히 카리스마가 있는 사람이었다고 합니다. 고질적이고 잘 변하지 않는 문제를 가진 사람을 단시간에 역동적으로 변화시키는 그런 치료 세션을 굉장히 많이 보여줬다고 합니다. 버지니어 새티어는 가족 치료Family therapy의 대모라고 할까요? 가족 치료를 열심히 성장시키고 보급하신 분입니다. 가족 치료라는 것은 단순히 가족 관계를 개선하는 학문이 아닙니다. 개인의 문제가 별도로 독립된 것이 아니라 가족 간의 상호 관계에서 역동적으로 생성된다는 이론입니다. 이 점은 에릭소니언 NLP와 밀접하게 맞닿는 지점입니다. 그레고리 베이트슨은 인류학자이면서 생태학자이고 인공두뇌학과 정신의학을 두루 섭렵한 사람이었습니다. 르네상스적인 인간이라고 하죠? 참 독특한 천재입니다. NLP가 단순한 심리 치료 학파가 아니라 컴퓨터와 같은 구조적 형태를 가지게 된 것에는 그레고리 베이트슨의 영향이 매우 크지 않았나 싶습니다. 마지막으로 밀턴 에릭슨은 말할 것도 없는 최고의 정신과 의사이자 최면가입니다. 에릭슨은 어린 시절 소아마비로 거의 죽을 위기를 넘기고 신체적 불편함이 컸음에도 이를 극복하고 탁월한 치료 사례들을 남겼는데요. 이 밀턴 에릭슨의 언어 패턴을 분석한 두 권의 책[*]이 NLP의 기원이라 할 수 있는 만큼 NLP를 제대로 이해하고 사용하기 위해서는 가장 깊이 이해해야 할 인물입니다.

세상을 인식하는 틀

리처드 밴들러와 존 그린더는 천재적인 능력을 카피해서 일반인도 쓸 수 있도록 정리하고 구조화

---

[*] Patterns of the Hypnotic Techniques of Milton H. Erickson, M.D. Volume 1, 2

하는 과정을 '모델링'이라 불렀습니다. 그래서 NLP를 별칭으로 '모델링의 과학 NLP'라고 부르기도 합니다. 앞에서 설명한 사람들의 이름도, 신경 언어 프로그래밍도, 모델링도 모두 일상에서 사용하는 어휘들이 아니잖아요. 그래서 약간의 부담이나 과부하가 걸리실 수도 있어요. 하지만 실제 의미를 알고 나면 그렇게 어려운 내용이 아니므로 한 걸음 더 나아가보도록 하겠습니다.

모델링이라는 것은 아주 쉽게 이야기를 하면 이런 겁니다. 지금 제가 물이 담긴 컵을 들고 있는데요. 이 물을 현미경으로 보면 분자 구조로 되어 있겠죠. 분자 구조를 그림으로 그리면 H-O-H 이렇게 기호로 그릴 수 있습니다. 두 개의 수소 분자와 한 개의 산소 분자가 결합되어 있을 것입니다. 우리는 이것을 분자 모델이라고 부르죠. 그리고 이 분자 하나를 더 극미시로 들어가게 되면 전자가 있고 중성자가 있고 태양계처럼 생겨서 도는 모양 있잖아요? 이를 원자 모델이라고 부르죠. 여기서 또 한 번 줌인해서 들어가면 전자나 중성자 이런 애들도 초끈이 진동하고 있다는 초끈 모델로 설명하게 되죠. 우리가 물의 구조를 이해할 때 H와 O라는 단어를 사용해서 구조를 표현하고 이해하지만, 실제 물이 그 문자처럼 생기지 않았잖아요? 물을 자세히 보면 H자로 생겼다고 아셨던 분은 없으시죠? (웃음) 이렇게 사물과 현상을 설명하는 방식을 모델이라고 부릅니다. 이게 왜 중요하냐면 우리는 모델이 없이는 무슨 일이 벌어지고 있는지를 파악할 수 없기 때문입니다. 그래서 모델은 다시 말하면 세상을 바라보는 관점이라고 할 수 있습니다.

여러분이 앉아 있는 의자 중에 어떤 것은 빨간색이고 어떤 것은 노란색이잖아요? 그렇게 보이시죠? 빨간 의자, 노란 의자로 보이시죠. 그런데 예전에 SNS에서 크게 화제가 되었던 사례가 있습니다. 원피스인데 어떤 사람은 파란색 줄무늬에 검은색 원피스라고 하고 또 어떤 사람은 흰색 줄무늬에 금색 원피스라고 하면서 싸웠어요. 저는 흰색 금색으로 보였거든요. 그런데 우리 연구소에서 어떤 분이 파란색, 검은색으로 보인다고 하는 거예요. 서로 "거짓말하지 마라. 놀리는 것 아니냐?" 이렇게 농담 식으로 싸웠던 적이 있습니다. 우리가

흰금파검 드레스

객관적으로 고정된 현실은 존재하지 않는다.
우리는 각자의 세상을 경험하며 살고 있다.

바라보고 있는, 현실이라고 믿고 있는 것이 실제로는 모두 똑같이 보는 객관적 현실이 아니라는 사실을 느꼈습니다. 사소하지만 굉장히 의외의 장소에서 이 불일치가 터진 것이죠. 프리즘에 빛을 통과시켜서 무지개를 만들잖아요? 빨주노초파남보 일곱 개의 색이 있습니다. 그런데 실험을 통해 사람마다 어디까지가 빨간색이고 어디까지가 주황색인지를 손가락으로 가리키라고 하면 조금씩 다르게 표시합니다. 인간이 색상을 볼 때 노란색은 노란색으로 보고 딱딱한 걸 딱딱하다고 하고 말랑말랑한 걸 부드럽다고 지각하지만, 개인마다 신경계에 미세한 차이가 있고 유전적인 다양성이 있으므로 인지하는 세계의 버전은 조금씩 다른 것이지요. 그래서 진짜 세계가 어떻게 구성되어 있는지에 대해서 우리가 측정할 방법이 없습니다. 왜냐하면, 측정 장비로 측정했어요. 하지만 그 측정 장비의 결과를 받아들이는 신경계는 개인마다 다르잖아요. 그래서 얼추 서로 비슷하게 알 수 있지만, 정확히 그걸 파악할 수 없단 말이에요. 그래서 항상 모델링 할 수밖에 없는 겁니다.

심리적 모델링

지금 우리가 분자 모델, 원자 모델 이야기를 했지만, 이것은 이미 추상화된 개념이죠. 여전히 추상적일 수 있으니 다른 예를 들어보겠습니다. 여러분들은 흰색 칠판을 흰색으로 보더라도 개나 고양이는 다른 색으로 봅니다. 인간의 생리적인 수준에서는 여기 있는 칠판을 흰색으로 보도록 모델링을 하는 겁니다. 이것은 우리가 배워서 하는 것이 아니라 자동으로 장착된 거죠. 컴퓨터로 치면 바이오스 영역에 자동으로 세팅된 것과 같은 거죠. 이 생리적인 모델링을 넘어서 우리는 학습과 경험을 통해 선택적 지각을 하고 선택적 관념을 진실로 믿게 되는데 이것을 심리적 모델링이라고 합니다. 바로 신경 언어 프로그래밍이 영향을 미치는 부분입니다.

한 가지 예를 들어보겠습니다. 어린아이가 엄마, 아빠로부터 매일 이유 없는 폭력에 시달리며 적절한 양육을 받지 못하면 아이는 자라면서 의지할 곳이 없다고 느낍니다. 그런데

도 어떻게 살아가야 할지 이해하기 위해 자기가 가진 자원을 총동원해서 모델링 합니다. 이 세상이 어떤 곳인지 월드 모델을 세워요. "이 세상은 믿고 의지할 수 있는 사람이 없고 항상 의심하고 남으로부터 빼앗아야 생존하는구나."라는 하나의 신념 체계를 세우게 됩니다. 그렇게 세상이 만들어졌다고 이해하고 정리를 해야지만 살 수 있는 것입니다. 한 사람의 프로그래밍, 행동 패턴, 상황에 대처하는 방식이 탄생한 것입니다.

세상은 항상 같지 않고 끊임없이 변화합니다. 그렇기에 각자 개인별로 프로그래밍 된 습관 또는 신념은 실제 현실에서 벌어지고 있는 일과 불일치할 수밖에 없습니다. 버그가 생기는 겁니다. 혹은 이렇게 이야기할 수도 있어요. 버전이 낮거나 호환성이 떨어지는 프로그램을 갖고 있다. 그래서 상황에 적절하게 대응하지 못하고 커뮤니케이션에 실패합니다. 왜냐하면, 내가 의미를 이해하는 방식과 다른 사람들이 의미를 교류하는 방식 간에 호환이 되지 않기 때문입니다. 그래서 NLP가 최초에 출발할 때 "뛰어난 상담가들이 도대체 어떤 능력을 갖추고 있고 어떻게 세상을 지각하고 있기에 커뮤니케이션을 잘하고 사람들을 변화시킬 수 있지?", "이 사람들은 어떤 월드 모델을 가지고 있을까?", "이 사람들이 가진 세계에 대한 틀은 어떤 것일까?"라는 의문을 갖고 천재들이 인간의 정신을 이해하는 방식을 알아내기 위한 연구를 한 것입니다.

원자 모델, 분자 모델이 있듯 인간의 정신에도 모델이 있습니다. 흔히들 아시는 프로이트의 빙산 그림 있잖아요. 아주 작은 의식 아래로 매우 큰 무의식이 있다. 이런 것도 인간 정신의 '모델'입니다. 이것을 절대적인 진실로 믿으면 곤란합니다. 물이 H 모양으로 생긴 게 아닌 것처럼 말이죠. '사람의 정신'이러면 추상적이잖아요? 또렷이 잡히지 않잖아요. 이해가 안 됩니다. 다룰 수가 없어요. 그런데 이 그림을 그려놓고 인간의 정신은 의식, 전의식, 무의식으로 이루어져 있다. 이렇게 분류를 해놓게 되면 "아, 지금 내가 생각하는 게 의식적인 것이고 의식하지 못하는 부분이 무의식의 영역이구나."라고 이해하고 이를 사용할 수 있게 됩니다. 그러므로 우리

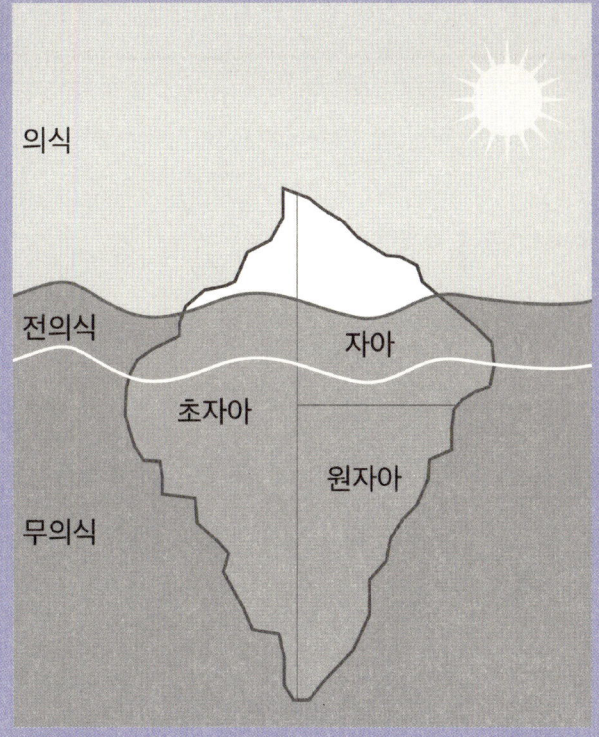

프로이트의 빙산

프로이트가 전의식과 무의식이라는 이름을 붙이자
우리는 그것을 발견하고 다룰 수 있게 되었다.
하지만 이 모델을 절대적 진실로 오해하면
막다른 골목을 마주하게 된다.

가 세상을 이해하고 살아가는 데 있어서 모델은 필수적인 도구입니다.

사람의 마음을 수정하는 방법

정리하자면 리처드 밴들러와 존 그린더는 거장들이 세계를 지각하는 방식, 그 사람들의 월드 모델을 이해하고자 했고 그 요소들을 알고리즘으로 정리하고 논리적으로 설명하는 학문을 만들어냈습니다. 그것을 바탕으로 일상생활에서 문제를 겪고 있는 사람, 대인 관계에 문제를 겪고 있는 사람이 있다면 그 사람의 월드 모델에 어떤 버그가 있는지, 호환성의 어떤 부분이 떨어지는지를 찾아서 수정할 수 있게 되었습니다. 사람의 마음이라는 프로그램을 수정할 수 있는 도구를 만든 것이지요. 그게 바로 NLP입니다.

인간의 세계관 자체가 삶을 연산하는 방식인 거죠. 정보를 연산하는 방식. 정보를 연산하고 처리하는 정보처리 과정이 바로 우리의 경험인 것이시요. 그런데 불쾌하거나 좋지 않은 경험에 갇혀 계속 우울한 경우가 있다면 정보 연산이 이루어지다가 연산 값이 버퍼링에 걸려서 못 넘어가고 있는 것입니다. 아니면 잘못된 연산을 반복하고 있다고 할 수 있겠지요. 그런 경우에 버퍼링을 풀어준다든지 코드가 얽힌 것을 수정하여 막힘없이 연산 되도록 하는 작업을 하게 되는 것입니다. NLP에서 이루어지는 작업을 컴퓨터에 비유한다면 이와 같습니다.

질문과 답변

Q

사람이 가진 변하지 않는 생리적인 영역은 어디까지인가요?

A

제가 전문가는 아니지만, 컴퓨터 용어를 쓰자면 바이오스 영역이라는 게 있습니다. 이는 가장 기본적으로 하드웨어에 세팅된 값입니다. 사람으로 말하자면 앞에서 말한 색을 구별하고 소리를 듣는 영역과 같은 인간이라는 종이 공통으로 공유하는 생리적인 상태가 바로 바이오스 영역에 해당합니다. 이것은 사람이 노화를 겪고 상처가 나고 사고로 일부를 잃기도 하면서 바뀔 수가 있잖아요? 그런 것들을 제외한다면 어지간해서는 바뀌지 않는다고 봅니다.

컴퓨터에서 윈도즈나 리눅스, OSX에 해당하는 부분을 OS 즉 Operating System이라 합니다. 그렇다면 사람의 OS는 무엇일까? 저는 이렇게 비유적으로 정리하고 있습니다. 우리가 단일한 자아를 가진 것이 아니라 여러 하위 자아들이 모여서 그 집합을 이룬 것이 '나'라는 관점입니다. 그것이 컴퓨터로 치면 윈도즈 같은 OS의 역할을 한다고 보고요. 스케이트를 잘 타거나 회계 프로그램 잘 쓰는 것 같은 습관적으로 형성되어 있는 능력은 OS에 설치되어 있는 애플리케이션이라고 할 수 있겠죠. 컴퓨터로 비유하자면 포토샵이나 익스플로러 같은 것들이지요. 어디까지가 변화할 수 있고 불가능한 부분인지 질문을 주셨는데 OS에 해당하는 부분이 완전히 싹 바뀌어버리는 케이스도 있어요.

60년대인가 70년대인가 정확하게 기억이 나진 않는데 어떤 정신과 의사가 해리성 정체감 장애, 그 당시에 불리던 이름으로는 다중인격장애를 앓고 있는 환자의 최면치료를 하게 되었습니다. 최면으로 다중인격을 치료할 때는 기본적으로 몇 개의 인격들이 있고 각각 포지션이 어떻게 구성되어 있는지, 그중에 대장 격인 주 인격이 누구인지를 찾아서 설득하고 통합해서 하나로 합쳐버리는 작업을 합니다. 그런데 이 케이스의 경우 처음 환자가 가지고 있는 인격의 수를 파악하는 단계에서 수십여 개의 인격이 나왔습니다. 의사는 얼마나 더 있는지 확인하기 위해 계속해서 인격을 불러냈습니다. "다음 인격 나오세요. 다음 인격 또 나오세요." 이런 식으로 불러도 불러도 계속 나왔습니다. 수천 개의 인격이 나왔어요. 결국, 특정 임계점에서 인격 자체가 붕괴되는 사고가 발생했습니다. 인격 구조, 컴퓨터로 말하면 OS 자체가 무너져버린 거죠.

이 케이스는 정신과 의사와 환자라는 특수한 관계 때문에 발생한 것입니다. 앞으로 최면의 원리와 컨빈서에 대해 말씀드리겠지만, 의사의 말은 많은 경우 환자에게 즉각적인 반응을 일으키게 됩니다. 최면적 우위 관계로 인하여 실제로는 추가될 인격이 없는데 의사가 있는 것을 전제로 하고 인격을 나오라고 하니까 그 순간 만들어지는 것입니다. 원래부터 수천 개의 인격이 있었던 것이 아니라 의사의 말에 계속 순간순간 인격 분화가 일어난 거죠. 최면가가 자신의 말이 가진 힘에 대한 인식과 이해가 부족했기에 생긴 일입니다.

우리 안에는 여러 가지 인격이 있습니다. 예를 들어 시험공부를 열심히 하려고 해도 잘 안 되는 경우가 많죠. 이런 경우 시험공부를 해서 합격하려고 하는 자아와 그딴 거 관심 없고 마냥 놀고 싶어 하는 자아가 팽팽하게 긴장과 갈등상태에 있을 때 이러지도 못하고 저러지도 못하고 노는 것도 아니고 쉬는 것도 아닌 상태가 됩니다. 이때 이 두 가지 마음을 분리하고 이름을 붙이고 형상화해서 대화와 협상을 합니다. 이를 NLP에서는 6 스텝 리프레이밍이라고 합니다. 프로그래밍으로 비유하자면 코드가 엉켜 있는 것을 풀어주는 거죠. 칼 로저스식으로 말하면 공부하려는 자아와 공부하기 싫어하는 자아를 각각 공감해주고 수용해주어서 갈등하는 마음이 풀려 자발적으로 협동해 나가도록 하는 그런 작업을 거치게 되는 거죠.

근본적인 부분까지 영향을 미칠 수 있다는 예시지만 자아 붕괴 케이스는 좀 극단적인 케이스입니다. 극단으로 밀어붙여서 자아가 지속해서 분열해버린 결과를 낳은 사례였습니다. 생리적인 부분에 대해 말씀드리면 지금은 뇌 가소성이 정설로 굳어졌습니다. 옛날에는 뇌세포가 한번 망가지면 재생되지 않는다고 여겼습니다만 그렇지 않습니다. 우울증을 오래 앓으신 분의 뇌를 촬영해보면 뇌가 약간 축소되어 있어요. 하지만 심리 치료를 꾸준히 받고 약을 드시면서 정신 상태가 좋아지잖아요? 뇌가 다시 차요. 그런 맥락으로 본다면 바이오스 영역에도 변화가 있을 수 있는 거죠. 어느 정도의 폭은 정해져 있겠지만, 생리적인 부분도 변화할 수 있습니다. 심리와 생리는 연동되어 있으므로 심리적인 부분에 충분한 변화가 일어나면 생리적인 컨디션도 함께 변화합니다.

03

최면의 법칙

내가 상대방에게 언어적 제안을 했을 때
상대방이 제안에 대해서 생각해보는 상태가 아니라
바로 체험의 영역으로 가져가는 것이 관건입니다.
그래야 최면이 상대방의 마음에 효과를 발휘하게 됩니다.
최면이 작동하도록 하기 위해 반드시 알아야 할 원리가
바로 이 컨빈서 연쇄작용입니다.

NLP의 모태가 된 거장들

NLP의 모태가 되었던 천재들인 프리츠 펄스Fritz Perls, 버지니어 새티어Virginia Satir, 그레고리 베이트슨Gregory Bateson 등은 모두 하나의 학파가 만들어진 사람들로 NLP 에릭소니언 강의를 하면서 깊이 다루기는 좀 어렵습니다. 여기서는 밀턴 에릭슨Milton H. Erickson에 초점을 맞춰서 이야기를 풀어나가겠습니다. 아쉽게도 다른 세 분은 좀 소외될 예정입니다. 그래도 난 NLP의 모태가 된 이 거장들의 학문을 공부하고 싶다면 이분들의 이름으로 검색을 해보면 책들이 좀 나와 있어요. 프리츠 펄스의 게슈탈트 심리치료는 국내에 학회가 만들어져 있습니다. 게슈탈트 학회에 들어가 보면 정기적으로 세미나가 있고 해외에서 게슈탈트 치료 대가들을 모셔서 세미나도 하고 그래요.

버지니어 새티어는 국내에 연구소가 조그맣게 있습니다. 가족치료를 전문적으로 하는 곳이 있고 번역서도 몇 권 나온 것으로 알고 있습니다. 그레고리 베이트슨은 임상가는 아닙니다. 학자에 가까우므로 실천적인 방법론보다는 관점을 넓힌다는 의미에서 이론서들을 보시면 많은 도움이 됩니다. 국내에는 두 권의 책이 출판되었습니다. 《정신과 자연》과 《마음의 생태학》입니다. 인류학이나 관련 분야에 관심 있으신 분들은 베이트슨도 공부해보면 재미있겠지요.

저희가 초점을 맞추게 될 부분은 밀턴 에릭슨과 밀턴 에릭슨의 방식을 정통에 가깝게 이야기하고 있는 단체인 '에릭소니언 파운데이션*'입니다. 우리말로는 에릭소니언 재단 정도가 되겠지요. 거기서도 다양한 교육 과정을 제공하고 있습니다. NLP로 재해석된 에릭소니언이 아니라 순수 에릭소니언

---

* https://www.erickson-foundation.org/

을 다루는 교육 과정입니다. 애석하게도 국내에서는 관련 교육 과정을 접하기가 쉽지는 않은 실정입니다. 영어가 좀 되시는 분들은 에릭슨 재단에서 판매하는 교육용 DVD를 사보실 수 있습니다. 하지만 아무나 구매가 가능하지 않고 임상심리사와 같은 국가 자격증을 요구합니다. 아무래도 의료 목적의 상담을 하시는 분들이 주 대상이 되는 것 같습니다. 교육도 사례 분석과 이론 같은 조금은 딱딱한 편입니다. 제가 진행하는 이 강의는 NLP라는 틀을 채용한 만큼 누구나 에릭슨 같은 관점과 능력을 갖출 수 있는 프로토콜을 알려드릴 예정입니다. 이 책에서는 그중에서도 구체적인 기법 이전에 꼭 갖추어야 할 배경이론과 토대를 세우는 것을 목표로 하고 있습니다.

최면의 원리와 현실 창조

최면이라는 단어를 들으면 무엇이 가장 먼저 떠오르시나요? 대개 라이터를 켜고 "슬립!"을 외치면 고개가 푹 고꾸라지고 마치 약에라도 취한 듯 늘어진 채로 전생에 있었던 사건을 말하는 그런 모습을 많이 생각하시죠. 또는 양파를 아무렇지 않게 씹어 먹고 마늘을 우적우적 먹으면서 하나도 안 맵다고 하는 것들이 최면에 대한 일반적인 이미지입니다. 제가 이야기하려는 최면은 좀 다른 내용입니다. 저는 최면을 '인간의 현실 감각을 변화시키는 기술'이라고 정의합니다.

트랜스^{trance}라는 말 들어보셨나요? 보통 트랜스 상태라 하면 이완이 되어서 잠이 든 것처럼 비몽사몽 한 상태. 아니면 약간 약에 취하거나 술에 취한 상태. 이런 것을 트랜스 상태라 부르고요. 또는 무당이 굿할 때처럼 정신이 나간 것 같은 상태도 트랜스라고 불러요. 트랜스의 스펙트럼이 참 다양합니다. 일반적인 최면에 대한 이미지를 보면 바로 이 트랜스 상태에 들어간 것을 최면 상태라고 이야기를 하는 경향이 많았어요. 평소랑은 다른 의식 상태에 들어가 있으면 최면에 걸렸다고 이야기하는 거죠. 저는 이런 기존의 최면에 대한 인식과 다르게 정의합니다. 저는 트랜스에 들어가는 여부, 이완되거나 경직되는 여부와 무관하게 리얼리티 감각이 변화된다면 그것은 최면 현상이 일어나고 있다고 정의를 내리고 있습니다. 예를 들어서 설명해 드릴게요. 사례로 들어갑니다.

제가 밀턴 에릭슨을 접하기 전에 본격적으로 먼저 접했던 최면은 데이브 앨먼Dave Elman의 최면 기법이었습니다. 데이브 앨먼과 밀턴 에릭슨은 거의 동시대 사람이었는데 에릭슨은 제도권에 있는 의료인이었고 학자였지만 데이브 앨먼은 별다른 의료적 배경이 없었습니다. 그래서 학계에 이름을 남기거나 하진 않으셨는데 실력은 굉장히 출중한 사람이었습니다. 데이브 앨먼의 제자인 제럴드 카인Gerald F. Kein이라는 분은 현재 미국 최면 계통의 양대 산맥 중 한 사람이라고 이야기합니다. 하지만 이분도 역시 의료적 배경은 없고 실력으로 많이 알려진 분입니다. 이 제럴드 카인이 한창때 있었던 케이스입니다.

제럴드 카인이 주유소에 차를 대고 잠깐 커피 한잔 마시면서 쉬고 있었습니다. 그런데 고물차 한 대가 탈탈거리면서 들어오는 거예요. 차에서 연기가 자욱하게 올라오더니 주유소에 거의 다 들어와서는 그대로 퍼져버렸습니다. 차에는 노부부가 타고 있었는데 할아버지가 내려서 보닛을 열고 무언가를 열심히 고치기 시작했습니다. 이것저것 연결하다가 할머니를 불러서 "나와서 이것 좀 잡고 있어봐라. 내가 시동을 걸 테니까."하고는 운전석에 앉아 시동을 걸었어요. '부릉!'소리와 함께 시동이 걸리는 순간 엔진이 폭발해버렸습니다. 밖에서 엔진을 바라보고 있던 할머니는 그대로 불덩이와 같이 날아가 나동그라졌어요. 화상에 타박상에 출혈도 있었겠죠. 그러고는 공황에 빠지고 말았습니다. 주위에 불씨가 날아다니고 팔과 몸에도 화상을 입어 정신이 쏙 빠진 거죠. 할아버지도 같이 공황에 빠져서 어찌할 바를 모르고 있었습니다. 다행히도 한쪽에서 보고 있던 제럴드 카인이 마시던 아메리카노를 집어던지고 달려갔습니다. 그리고 한 치 망설임도 없이 한쪽 무릎을 꿇고 할머니에게 뭐라고 이야기를 하였습니다. 그러자 공황 상태에서 발광하시던 할머니가 점점 진정이 되더니 제럴드 카인을 빤히 바라보면서 고개를 끄덕거리며 대화를 나누기 시작하는 거예요. 잠시 뒤에는 할아버지도 옆에 앉히고 셋이서 할머니는 누워 있고 두 남자가 옹기종기 앉아서 대화를 나누게 되었습니다. 농담 따먹기를 하면서. 심지어 껄껄 웃으면서 911구조대가 올 때까지 기다렸대요.

도대체 제럴드 카인이 무슨 말을 했기에 할머니가 통증에서 벗어나서 웃으면서 구조대를 기다릴 수 있게 되었을까요? 여러분이 만약 그런 사고를 당했다고 가정해보세요. 심각한 상처를 입고 쓰러져 버렸다면 누가 나에게 무슨 말을 해주면 진정이 될까요? 불안할 때 누가 있으면 안심이 될 것 같으세요? 사고를 당했을 때 누가 무슨 말을 해주면 안심이 될까요? 네, 그렇습니다. 바로 의사 선생님입니다. 제럴드 카인은 거짓말을 했습니다. 의사가 아님에도 "진정하세요. 내 말을 들으세요. 저는 의사입니다." 그랬더니 할머니가 혼비백산하던 것을 딱 멈추고 제럴드 카인의 얼굴을 바라봤습니다.

최면 작업을 할 때 가장 중요한 것은 그 사람의 주의 집중을 빼앗아오는 것입니다. 내가 말을 했을 때 상대방이 탁! 오감을 집중하게 만드는 것, 모든 초점을 모으는 게 가장 중요한 요소 중의 하나입니다. 그 상황에서 "나는 거짓말을 하면 안 되는데. 이 사람을 속여도 될까?" 이런 윤리적인 고민 탓에 "저기요. 제가 사실은 의사는 아니지만 제 말씀 좀 들어보실래요?" 이러면 듣지 않고 계속 발광을 했겠지요. 도와주고 싶어도 큰 도움이 되지 못한 채 발만 동동 굴렀을 것입니다. 하지만 제럴드 카인은 달랐습니다. "저는 의사입니다." 한마디로 할머니에게 가장 필요한 사람이 되어 귀 기울이게 하였습니다. 그러고는 "별거 아니에요. 괜찮아요! 병원에 가서 치료받으면 금방 괜찮아지실 수 있어요. 내가 보니까 그렇게 아플 정도는 아니네. 놀라서 그렇지."라며 안심시키는 말을 했습니다. 몇 마디 말로 공황에 빠진 사람을 진정시킨 것이지요.

사람이 극한의 상황에 부닥치게 되면 인지적 자원이 급격하게 줄어듭니다. 예를 들어 지금 이 건물에 불이 났다고 가정하겠습니다. 순식간에 강의실이 메케한 연기로 가득 차고 한쪽에서는 열기가 느껴질 정도입니다. 그렇게 어찌할 바를 모르고 우왕좌왕하고 있을 때 제가 문을 탁 열면서 "이쪽입니다!"라고 외치면 대부분 그 말이 옳으냐 그르냐를 따지지 않고 막 뛰어나가겠지요. 그와 같습니다. 예시 속 할머니 또한 제럴드 카인이 진짜 의사인지 아닌지 판단할 수 있는 인지적 자원이 남아 있지 않았습니다. 그러므로 확신을 담은 그의 말이 내적으로 수락이 되었습니다. 이렇게 내적 허용이 일어나면 경험이 따라옵니다. "괜찮아요. 이 정도면 살 수 있습니다. 안심하세요. 가만히 있어 보세요. 생각만큼 아프지 않아요."라는 말을 들었을 때 거짓말임에도 불구하고 그 말을 들어보니까 아까처럼 무섭지는 않다고 느낍니다. 아까는 통증에 공포까지 높아져서 몇 배로 아팠는데 그 정도는 아닌 것 같은 경험이 일어납니다. 그렇게 타인의 제안을 허용하고 그 결과 경험이 일어나면 그것은 내적 사실이 됩니다. 최면가의 제안*suggestion에 내가 경험하는 현실이 창조되는 것입니다. "아, 진짜 그렇게 아프지 않네!"

---

* 일반적으로 암시라고 번역하는 suggestion은 제안이라는 번역이 더 적절하다. 암시는 무엇인가를 숨기는 듯한 인상이지만 최면에서는 직접적으로 말하는 것이 보통이기 때문이다.

현실 조작의 열쇠 '컨빈서'

최면의 핵심임에도 불구하고 최면가들도 잘 모르는 원리가 바로 이 컨빈서convincer입니다. 앞에서 할머니가 최면가의 제안에 "아, 진짜 그렇구나!"라는 내적 경험을 확인하게 되면 이를 '컨빈서 연쇄가 한번 돌았다.'라고 합니다. 컨빈스convince는 영어로 '확신시키다'라는 뜻입니다. 뒤에 -er을 붙인 컨빈서는 확신시키는 요인, 확신시키는 행위로 해석됩니다. 다시 예시로 돌아가 할머니는 첫 번째 컨빈서가 만들어진 거예요. 그다음에 제럴드 카인이 말합니다. "다른 곳을 바라보지 말고 제 눈을 바라보세요. 제 눈만 보세요. 숨 들이쉬고 내쉬고 제가 시키는 것만 합니다. 시키는 대로 하면 괜찮아집니다. 점점 안정됩니다. 다른 곳을 바라보지 말고 여기를 보세요. 이 눈을 보고 숨 들이쉬고 내쉬고…. 한 번 더 할 텐데 이번에 숨을 내쉬면 통증이 빠져나가는 걸 느낄 수 있을 거예요. 자 다시 한번 숨을 깊이 들이쉬고 내쉬면서 통증이 빠져나가는 걸 느낄 수 있습니다." 이와 같은 제안을 몇 번 더 반복했습니다. 컨빈서가 한번 만들어졌었기에 쉽게 다음 제안도 받아들이고 경험하게 됩니다. 눈을 계속 보면서 숨을 들이쉬고 내쉬고 몇 번 반복하니 안정이 되면서 통증이 경감되는 체험이 또 일어납니다. 컨빈서 연쇄가 또 한 번 돌아간 것입니다.

최면가의 제안과 체험이 한 바퀴 돌고 또 한 바퀴 돌 때마다 점점 컨빈서의 힘이 강해집니다. 처음에는 지극히 사소한 체험을 한번 한 것에 불과할 수 있지만 가벼운 컨빈서가 돌고 난 이후에는 좀 강력한 체험을 일으킬 수 있습니다. 평소라면 절대 받아들이지 않을 법한 제안도 수락하고 체험하게 됩니다. 그래서 최면에서는 내가 상대방에게 언어적 제안을 했을 때 또는 지시를 하거나 권유를 했을 때 상대방이 제안에 대해서 생각해보는 상태가 아니라 바로 체험의 영역으로 가져가도록 하는 게 가장 관건입니다. 그래야 최면이 상대방의 마음에 효과를 발휘하게 됩니다. 최면이 작동하도록 하기 위해 반드시 알아야 할 원리가 바로 이 컨빈서 연쇄작용 convincer chain입니다.

제럴드 카인은 컨빈서를 누적시켜 나가면서 점점 더 강화해 할머니가 더는 통증을 느끼지 않는 상태까지 유도하였습니다. 과거에 마취약이 없을 때는 최면으로 무통 상태를 유도하여 수술하는 일이 많이 있었지요. 신비한 현상이라고 생각하실 수 있지만 간단하게는 플라세보 효과placebo effect라고 보셔도 좋습니다. 플라세보 효과라고 하면 많은 사람이 알고는 있지만, 나의 삶과 밀접하지 않은 것으로 생각합니다. 환자에게 두통약을 처방해주고 있다고 이야기하고는 한쪽 실험군에는 두통약이 아닌 설탕으로 조합된 약을 제조하여 먹였는데 환자의 두통이 사라지는 현상 정도로 이해하고 있습니다. 최면은 바로 이 플라세보 효과를 구조적으로 강력하게 일으킬 수 있는 기술입니다. 플라세보는 생각이 현실 감각을 통제하는 거잖아요. 실제로는 두통에 작용하는 약 성분이 없는데 있다고 믿어버려서 경험적 사실이 되어버립니다. 혼자만 먹고 끝이 아니라 약의 효과에 놀라서 주위 사람에게 권하며 지속해서 장복하고 이런 현상이 컨빈서를 통해 일어나는 일입니다. 종교단체에서도 비슷한 원리를 많이 사용합니다. 특별한 물이라면서 제품을 판매하고 특수한 빛을

쐬면 건강이 좋아진다. 또는 특수한 발음의 소리를 내면 진동이 발생하여 통찰력과 창의력이 좋아진다. 이런 이야기를 하고 또 실제 교인들이 그와 같은 체험을 합니다. 컨빈서의 연쇄 작용으로 바라보면 신비랄 것도 없습니다.

아무튼, 그렇게 진정이 되고 난 후 911구조대가 왔습니다. 구조대원이 신고를 받고 와서 할머니를 실어가려고 들것을 내렸는데 보니까 황당한 거예요. 온몸이 다 화상에 피가 철철 나고 엉망진창인데 미소를 띠고 담소를 나누고 있으니 황당한 거죠. 이 사람들은 한 번도 본 적이 없는 상황이었으니까요. 이때 할머니의 정신은 하와이로 가 있었어요. 제럴드 카인이 "누구 때문에 이렇게 되었나요? 남편분 때문에 그런 것이니 남편분께 보상을 받으셔야죠. 무엇을 해달라고 하고 싶으세요?"라고 물으니 할머니가 "하와이에 가고 싶네. 우리가 신혼여행으로 다녀오고는 한 번도 못 가봤지 뭔가. 당신 큰일 났어. 이제 내가 바라는 것 다 해줘야 해."라고 말하며 신혼여행 이야기부터 해변에서 있었던 사건들, 꼭 가봐야 할 맛집 등을 꼽으며 웃고 있었습니다. 그런 할머니를 보고 놀란 구조대원은 저도 모르게 "아니, 어떻게 된 거지? 이 정도 상처면 죽을 만큼 아파야 정상인데?"라는 말을 주고받았습니다. 그 순간 할머니의 최면이 깨졌습니다. 구조대원이라는 맥락도 강한 힘을 가지고 있거든요. 그 이야기를 듣는 순간 하와이에서 다시 현실로 돌아온 것이죠. 할머니는 비명을 지르면서 병원에 실려 갔다고 합니다.

최면 안의 삶, 최면 밖의 삶

현실 감각이라는 것이 이렇습니다. 분명히 물리적 상처가 있음에도 불구하고 그것을 잠시나마 경감시키고 느끼지 않을 수 있습니다. 최면가로부터 제안된 것들이 경험적 실체로 작용했기 때문이지요. 제럴드 카인의 예시는 급박한 위기 상황에서 구조대가 오기 전까지 할머니를 진정시키기 위한 임시방편으로서 이를 사용한 것입니다. 하지만 이런 최면적 원리가 우리의 삶을 지배하고 있다면 어떠한가요? 우리는 장시간에 걸쳐서 어떤 신념을 진실로 믿게 하려는 여러 가지 자극에 노출됩니다. 강렬한 이미지, 언어적 암시, 유머와 예능, 뉴스와 이웃 사람의 권유 등이 모두 지속적인 제안으로 나에게 작용합니다. 부모의 양육 과정, 학창 시절 교우 관계에서 일어나는 작용과 반작용은 나를 구성하는 현실 감각을 구성하고 세상은 이런 곳이라는 나만의 신념을 형성하는 것에 큰 영향을 미칩니다.

여러분들 생각해보세요. 명동 한복판에 가보면 빨간 큰 십자가 들고 확성기를 사방에 달고 믿지 않으면 지옥에 간다고 외치고 다니시는 분, 여기는 안 계시죠? 혹시 오셨으면 기분 나쁘실 수도 있으니까. (웃음) 그런 분들의 세계는 다를 거란 말이죠. 지각되는 세계가 다른 사람들과는 상당히 다를 거란 말입니다. 똑같은 세계를 사는 게 아니라는 거죠. 그럼 그분이 예수 천국 불신 지옥의 세계를 현실로 경험하면서 살아가는 이유는 무엇일까요? 최면가인 제가 봤을 때는 그 믿음을 증명하는 컨빈서가 무수히 돌아서 강력한 힘이 만들어졌고 이로 인해 그 사람의 리얼리티 감각이 그런 형태로 굳어졌을 것으로 생각합니다. 컨빈서의 누적 때문에 믿지 않으면 지옥에 가는 현실이 명백한 사실로 경험되고 있다는 것입니다.

예수 천국 불신 지옥을 3개 국어로 이야기하시는 그분이 과연 TV에 나오는 것처럼 "슬립!" 하고 추를 흔들고 암시를 당해 푹 늘어져서 "당신은 명동 한복판에서 전도하게 됩니다."라는 이야기를 듣고 최면에 걸렸을까요? 아닙니다. 하지만 최면에 걸린 것과 같은 결과를 체험하게 됩니다. 특정 종교인이 그렇다는 의미가 아닙니다. 누구나 이 현상을 경험합니다. 다른 예를 들어보지요. 세상에는 다양한 정치적 의견을 가진 사람이 있습니다. 진보 좌파에 가까운 분도 있고 보수파에 가까운 분도 있고 이른바 중도인 분도 있지요. 그런데 극도로 진보적인 분과 보수적인 분이 서로 논쟁하는 것을 보면 이 두 사람은 전혀 다른 세상을 살고 있어요. 그래서 서로 바늘 하나도 안 들어가요. 머릿속에 그리고 있는 세상의 모습 자체가 다른데 그로부터 나온 대안과 대책들이 합의를 이룰 수가 없지요. 상대방이 전혀 이해가 안 되니까 차츰 상종을 말아야겠다고 생각합니다. 그냥 저 사람들이 없었으면 좋겠는 거야. 저런 세계관을 가진 사람들이랑 이

땅에 함께 사는 것이 수치스러운 거죠. 각자 자신만의 견고한 리얼리티 감각에 들어가서 사는 것이거든요.

최면이 나쁜 것은 아닙니다. 왜냐하면, 최면이 아니면 우리가 세계를 경험할 수가 없기 때문입니다. 최면이라는 표현이 좀 걸린다면 모델링으로 바꿔도 좋습니다. 어떤 이름을 붙이냐가 중요한 것이 아니죠. 중요한 것은 컨빈서 연쇄를 통해 우리는 제한된 세상을 경험하게 되며 이를 벗어나는 것은 불가능하다는 것입니다. 제한된 세상을 유연하게 넘나들 수 있을 뿐 모든 세상을 한 번에 체험하는 것은 불가능합니다. 세상은 규정지을 수 있는 카테고리에 넣어야 비로소 구분할 수가 있거든요. 아까 모델이 있으므로 이해할 수가 있다고 했잖아요. 최면은 다른 말로 하면 모델링 프로세스입니다. 최면이라는 것은 현실이 이렇다는 것을 정립시키고 정보 연산을 일으키는 과정인 것입니다.

04

세뇌의 법칙

세상이라는 커다란 그림이 있다면
우리는 그 그림을 조각으로만 볼 수 있습니다.
여러 가지 조각들을 경험하면서
큰 세상을 알아가는 것이 바로 삶의 여정이지요.
세뇌는 오로지 하나의 조각을
온 세상으로 착각하게 만드는 작업입니다.

무대 최면의 원리

라스베이거스나 카지노에 가면 최면쇼를 합니다. 이를 무대 최면이라고 하는데요. 무대 최면을 보고 "혹시 이거 직원이 관객인 척 나와서 연기하는 것 아닌가요? 다 짜고 하는 거 아닌가요?" 이런 질문을 하는 분이 많이 있습니다. 대개의 경우는 제대로 하는 최면가들이라고 생각하지만 실제로 짜고 치는 경우도 있었습니다. 예전에 어떤 유명한 최면가가 광고를 내고 최면 시연을 보이는 공개강좌를 했던 적이 있었습니다. 제가 아는 분이 너무 궁

금해서 참석하였습니다. 무료 강좌니까 부담도 없었겠지요? 최면 시연에서 랜덤하게 지원자를 모집하니 어떤 청년이 손을 들더래요. 그 청년에게 최면을 걸고 마늘을 입에 넣었더니 청년이 마늘을 우걱우걱 씹어 먹는 거예요. "하나도 안 매워요. 달아요!"하면서 막 주워 먹었습니다.

보통은 마늘을 가지고 알사탕이라고 하면서 입안에 굴리게 하고 혀에서 달콤한 느낌이 난다거나 초콜릿 향이 느껴지는 정도로 진행합니다. 아니면 양파와 사과는 식감이 꽤 비슷합니다. 양파는 단맛이 있으므로 사과 먹듯이 양파를 먹는 정도는 어렵지 않습니다. 그런데 마늘을 씹어 먹는 건 굉장히 어려운 것이죠. 그래서 "야, 이거 최면의 위용이 대단하구나!"하고 크게 감탄하신 거예요. 꽤 충격을 받은 거죠. 그래서 한 번 더 보기 위해서 이번에는 다른 지방에서 진행하는 시연을 보러 갔습니다. 이렇게 다른 지방까지 찾아오는 사람은 잘 없지요. 그렇게 두근두근하는 마음으로 마늘을 먹는 시연을 기다렸습니다. 그런데 시연을 지원하는 청년의 얼굴이 낯이 익은 거예요. 익숙한 거야. 많이 본 사람 같은 거죠. 그래서 그 사람 쉬는 시간에 화장실 가는 걸 뒤따라가서 "당신 저번에도 마늘 먹었죠?"하니까 계속 아니라고 부인하다가 서울에서 진행할 때 사진을 찍어놨다고 거짓말을 하니 "아이고, 선생님, 말하지 말아주세요." 하면서 시간당 만원 받고 아르바이트한다고 한 번만 봐달라고 사정을 하더래요. "당신, 매워 안 매워!" 했더니 "아이고, 속 쓰려 죽겠습니다." 그랬다는 거죠. 그렇게 쇼를 하는 경우도 있기는 있습니다. 이런 놀라운 시연을 한번 보여주고 나면 "와! 나도 저렇게 하고 싶다. 다른 사람에게 통제력을 발휘하고 싶다."는 욕구가 자극되기 때문에 많은 사람이 카드를 긁고 가요.

마케팅을 위한 최면 시연이 아니라 오로지 관객의 즐거움을 위한 최면쇼가 있습니다. 국내에는 거의 없습니다만 라스베이거스에서는 상시로 열립니다. 라스베이거스에서 펼쳐지는 최면쇼를 앞에서 설명한 컨빈서 원리를 이해하고 바라보면 쉽게 이해할 수가 있습니다. 보통 처음에는 객석에 앉아 있는 분에게 기본적인 테스트를 시킵니다. 앞으로나란히를 하도록 한 후 한쪽 팔은 손등이 위로 올라가게 하고 다른 한

쪽은 손바닥이 위로 올라가게 뻗도록 합니다. 그리고 이렇게 말합니다. "여러분의 마음의 힘이 얼마나 강력한지 시험해보겠습니다. 손등이 위로 가 있는 팔에는 헬륨가스가 들어 있는 풍선 수십 개가 매달려 위로 끌려 올라가고 있습니다. 반대편에는 젖은 모래가 가득 담긴 양동이를 들고 있어서 팔이 점점 무거워집니다. 무거워서 팔이 점점 내려갑니다."

사람은 참 재미있는 게 테스트를 해본다고 하면 경쟁심이 생깁니다. 마음의 힘이 얼마나 강한지, 상상력이 얼마나 좋은지 테스트를 하면 정말 열심히 합니다. 앞에서 설명했지요? 최면가의 말에 주의를 집중하고 몰입합니다. 그러면 체험이 일어나 꽤 많은 사람의 팔이 위아래로 점점 벌어집니다. 조금만 몰입해도 실제로 움직이거든요. 이것을 최면 용어로 이데오모토ideomotor 반응이라고 합니다. 이데오는 관념, 개념을 의미하고 모토는 움직임을 의미합니다. 관념에 의해서 움직임이 발생하는 의미입니다. 이데오모토 반응이 사람마다 다르게 일어납니다. 어떤 사람은 팔이 조금만 벌어지는 사람이 있고 어떤 사람은 크게 벌어져서 한쪽 팔이 헬륨가스에 딸려 올라가서 막 까치발을 드는 사람도 있습니다. 그런 사람을 걸리버라고 부릅니다. 걸면 걸리는 걸리버죠.(웃음) 그냥 말만 하면 걸리는 거예요.

제가 처음 걸리버라는 말을 들었을 때 농담으로 하는 말인 줄 알았는데 영어권 사람들도 걸리버라고 합니다. 귀가 얇은 사람이라는 뜻으로 우리말과 뜻이 통합니다. 참 신기하지요. 걸면 걸리는 걸리버라는 말을 듣고 웃으시는 분은 연세가 좀 있으신 건데…. (웃음) 아무튼 쇼에 참여한 여러 사람 중에서 걸리버를 한 10명 정도 뽑습니다. 그리고 무대로 불러서 앞에 쫙 앉혀요. 그리고 한 명에게 시범을 보여줍니다. "지금부터 제가 순간 최면을 보여드릴 겁니다. 당신에게 내가 슬립이라고 외치면 당신은 아주 깊은 이완 속에 푹 빠져들게 됩니다. 도저히 깨어날 수가 없습니다. 내가 깨워줄 때까지 도저히 깨어날 수 없습니다." 이렇게 제안을 합니다. 걸리버가 아닌 사람을 모아놓고 그 말을 하면 보통은 과연 그럴까라고 생각을 하고 의심을 합니다. 하지만 걸리버는 "아, 그렇구나, 알겠다."하고 확 빠져들어요. "슬립!"이라고 외치고 팔을 꽉 당기면서 고꾸라뜨리면 가만히 있습니다. 자발적으로 힘을 다 풀고 몸을 숙인 채 꼼작도 하지 않는 상태에 몰입하면서 속으로 "헐, 대박!"이래요. "와, 진짜구나." 하면서 푹 늘어져 있습니다. 그러면 옆에서 지켜보고 있던 다른 사람들은 "와, 진짜네!"하면서 학습을 합니다. 최면가가 지시하면 저렇게 되는 거라는 것을 배웁니다. 그렇게 행동해야 할 구체적인 가이드라인이 제시되었기 때문에 "이제 당신들 차례입니다. 제가 지나가면서 팔을 한 번씩 당기면서 슬립! 이라고 하면 이렇게 쓰러집니다."라고 말하고 한 명씩 슬립을 외치며 팔을 당기면 진짜로 쓰러지는 거예요. 청중들이 보기에는 신기하고 기대가 되는 거죠. "이제 시작되는구나, 최면이 진짜구나." 이렇게 인지합니다.

간혹 걸리버가 아닌데 장난기가 많은 사람이 카지노에 와 있고 하니까 친구들에게 보여주려고 나오는 사람도 있어요. 실제로 무게를 느끼면서 팔이 벌어지는 게 아니라 일부러 오버해서 팔을 크게 벌리고 흉내를 내서 불려 나오는 사람도 있습니다. 그런 사람들은 최면가의 지시로 엎드려 있다가도

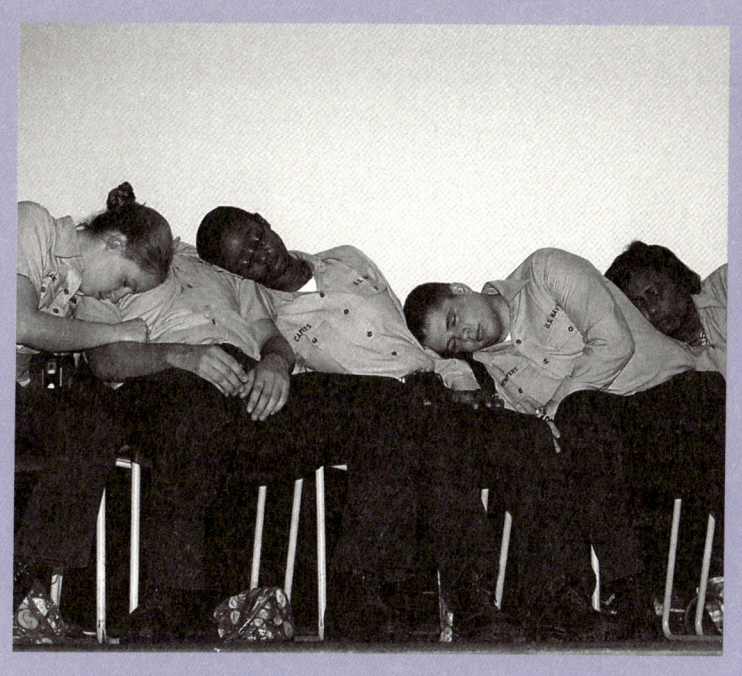

최면쇼

컨빈서 연쇄의 원리를 이해하면
최면이 더는 신비한 현상이 아님을 알 수 있다.

살짝 고개를 들고 관객을 보거나 하면서 놀립니다. 이런 사람을 골라내는 방법이 있습니다. 최면가가 사람들을 엎어놓은 다음 객석을 향해 이야기하고 있을 때 관객석에 있는 직원이 최면가를 도와줍니다. 이 직원이 장난으로 나와서 쇼를 방해하는 사람의 위치를 최면가와 무대 지원팀에 알려줍니다. 만약 그 사람이 네 번째 의자에 앉은 사람이라면 손가락 네 개를 펼쳐서 사인을 주는 거죠. 최면가는 자리를 이리저리 바꾸고 이동하도록 하면서 그 사람을 무대 구석으로 보냅니다. 그러고는 스태프가 네 번째 앉은 사람을 내려보냅니다. 또는 몇 명을 더 골라낸다고 하면서 탈락시킵니다. 그렇게 골라낸 정예 걸리버 세 명을 남겨놓고 쇼를 합니다.

이렇게 최면에 잘 걸리는 타입인 사람들을 추려서 상상력 테스트*, 순간 최면, 팔 굳기** 등 가벼운 체험을 시키면 컨빈서가 몇 번 반복해서 돌아갑니다. 그러고 나면 이미 비판적

---

* 피최면자에게 해변과 같은 편안함을 느낄 수 있는 공간을 상상하게 하고 그에 맞는 신체 반응이 일어나도록 하는 테스트
** 최면으로 팔이 굽혀지지 않도록 제안하고 실제로 굽혀지지 않는 체험을 유도하는 테스트

사고를 안 합니다. 최면가가 말만 하면 바로 신체 반응이 일어납니다. 생리 반응까지 일어납니다. "지금 당신은 남극에 와 있는데 너무 추워서 견딜 수가 없다."라고 말하면 오들오들 떠는 체험을 합니다.

"당신은 닭입니다." 이러면 머리로는 알긴 알아요. 내가 닭이 아니라는 걸 알지만, 닭이라는 걸 모르는 기분이 되는 거예요. 카지노에 오는 사람은 돈을 내고 신나게 놀려고 오는 사람들이죠. 신나게 노는 분위기에 빠져드는 것입니다. 앞에 있는 사람들이 손뼉 치고 친구들이 왁자지껄 웃고 하니까 쇼맨십이 생겨서 더 적극적으로 행동하게 되는 거죠. 닭이 된 느낌을 떠올리고 프로세스 하는 상태로 즐겁게 흉내를 내는 겁니다. 왜냐하면, 앞에서도 계속 제안을 받고 체험하고 행동하는 반응을 반복해 왔기 때문입니다. 바로 컨빈서 연쇄 현상입니다.

만약 위와 같은 작업을 도서관에서 공부하고 있는 사람을 데리고 한다면 어떨까요? 좀 달라질 겁니다. 안 먹힐 거예요. 왜냐하면, 마인드셋이 다르거든요. 아까 제럴드 카인의 응급 최면 같은 경우에 특수한 맥락이 있었어요. 다치고 의지할 데가 없으며 생명이 위독할지도 모르는 맥락이 있으므로 "나는 의사입니다." 하는 게 즉각 먹힌 거죠. 노부부가 주유소에 들어와 차가 고장이 나긴 했지만 별다른 사고는 없이 어떻게 고칠지 고민하는 상태라면 의사라는 말은 별다른 주목을 받기 어려울 것입니다. 오히려 "저는 자동차 정비사입니다."라고 말하고 어떤 행동을 시켰다면 즉각 따를 가능성이 더 높을 것입니다. 그렇기 때문에 맥락이 중요합니다. 정해진 최면 언어라는 것은 있을 수가 없습니다. 무조건 최면에 걸리는 멘트, 또는 공식이라는 것이 성립하기 어렵습니다. 그래서 최면적 이벤트를 일으키려면 맥락을 읽는 눈이 반드시 필요합니다. 그것이 쇼 최면이든 누군가의 세계관을 바꾸는 것이든 맥락에 대해 이해를 하고 현재 나와 상대방 사이에서 만들어지는 역동을 명확하게 인지하고 그 틈을 찌르는 언어를 구사할 수 있어야 합니다. 누군가의 현실 감각을 변화시킨다는 것은 이와 같은 작업입니다.

최면과 세뇌는 무엇이 다른가?

옴진리교*의 아사하라 쇼코 교주는 굉장한 추남입니다. 당시 신문에 굉장히 많이 나왔는데 얼굴 기억나시는 분 계세요? 약간 산적같이 생겼어요. 절대 잘생긴 얼굴이 아니지요. 그런데 옴진리교 신도들의 인터뷰를 보면 세계에서 가장 잘생긴 사람이라고 합니다. 아사하라 교주 얼굴을 보면 가슴이 두근두근하면서 환희를 느낍니다. 실제 생리 반응이 그렇게 일어납니다. 신도들의 현실 감각은 일반인의 현실 감각과 굉장히 많이 떨어져 있는 것이죠. 무수히 많은 컨빈서 연쇄 작업에 의해서 다른 리얼리티가 구축되어버렸습니다. 이렇게 완전히 다른 세계를 가진 사람이 되어버렸다는 사실을 알지 못한 채로 누군가의 가족과 친구인 신도들을 정상적인 생활로 복귀시키려고 할 때 문제가 발생합니다. 가족의 사랑으로 타이르고 설득하는 것으로 될 줄 알았던 것이죠. 안 됩니다. 호응해주는 척하고 방심하는 것 같으면 탈출해서 다시 교단으로 돌아갑니다.

---

* 1995년 4월 일본에서 독가스 테러 일으킨 종교

옴진리교 교주 아사하라 쇼코

1995년 도쿄 지하철에 신경가스를 살포한
사이비 종교 옴진리교의 교주
세뇌를 통해 제한된 세상에 갇히게 되면
옳고 그름의 기준이 극단적으로 고정된다.

위와 같이 한 사람을 구성하는 현실을 붕괴시키고 다른 체계를 구성하여 현실을 조합하는 것을 세뇌라고 합니다. 최면과 세뇌의 차이는 최면은 부분적으로 경험되는 '과정'이라면 세뇌는 그런 과정이 결합하여 하나의 체계와 세계관을 형성하고 고착된 것입니다. 바로 이 '고착'에 가장 큰 문제가 있습니다. 우리는 컨빈서 연쇄로 최면적 현실로서 삶을 경험합니다. 세상이라는 커다란 그림이 있다면 우리는 그 그림을 조각으로만 볼 수 있는 것입니다. 여러 가지 조각들을 경험하면서 큰 세상을 알아가는 것이 바로 삶의 여정이지요. 세뇌는 오로지 하나의 조각을 온 세상으로 착각하게 만드는 작업입니다. 세뇌 당해 현실이 고정되어 버리면 그 구조를 붕괴시키고 새로 조립하지 않은 채로는 아무리 좋은 말을 하고 안아주고 진심을 전달하려 해도 고정된 구조가 여전히 그대로 작동하고 있으므로 교주님 곁에 있어야 내가 살 수 있다는 그 절박한 생리적인 느낌을 계속 받으며 나머지 다른 사람들의 진심은 자기를 방해하고 괴롭히는 말로 들립니다. 그래서 어떻게 해서든 다시 돌아가려고 하는 것입니다. 실제로 탈출하기 위해 높은 건물의 창문으로 뛰어내려 죽는 사람도 나오고 그랬습니다.

 우리나라에도 컬트 종교*가 꽤 많습니다만 미국은 더 대단합니다. 인구도 많고 땅덩이도 더 크고 60년대 히피 문화가 융성했을 때 전 세계의 신비주의가 다 들어와서 한자리를 차지했습니다. 미국 드라마에도 단골 소재 중 하나일 정도로 사이비 종교, 컬트 종교가 매우 많습니다. 많은 만큼 독하고 세뇌의 강도도 굉장히 강합니다. 이런 사례가 있었습니다. 어떤 여대생이 부모와 연락이 끊겼습니다. 잘 다니던 대학도 그만두고 사라져 버린 것이지요. 부모가 걱정되어 가보니 살던 집도 처분하고 학교도 그만두고 어느 사막에 있는 공동체 마을에 들어간 것이었어요. 종교단체에 소속된 사람들끼리만 따로 마을을 만들어 철조망을 치고 고립된 생활을 하는 것이죠. 공동체에 들어가서 전화도 안 받고 편지로 "나는 당신들과 인연을 끊었다. 더러운 속세와 단절하고 성스러운 삶을 살 거니까 더는 연락하지 마라!"라고 응답했다고 합

---

* 컬트는 일반적으로 소수의 열광적인 팬을 의미하나 컬트 종교는 사회적으로 문제가 있는 종교를 의미

니다. 걱정이 된 부모는 전문 디프로그래머에게 의뢰를 했습니다. 딸이 다시 사회로 돌아올 수 있도록 말이죠. 디프로그래머는 이런 공동체에 빠진 사람을 데리고 나와서 탈세뇌하는 사람입니다.

그 공동체 마을은 철조망 울타리가 둘러쳐져 있고 총을 든 경비들이 지키고 있어요. 그 앞에 가서 "똑똑 계십니까? 저는 누구를 만나러 왔는데요?" 이런 식으로는 못 만나겠지요? 한밤중에 SWAT 팀 차량 같은 무장된 탈것에 여러 구조팀이 탑승합니다. 울타리를 부수고 조명탄과 최루탄을 쏘며 여러 팀이 침투해서 딸을 찾습니다. 딸을 찾으면 그 사람만 데리고 잽싸게 빠져나옵니다. 나오자마자 외딴곳에 감금시켜놓고 탈세뇌를 합니다. 이 탈세뇌는 반드시 성공시켜야 합니다. 탈세뇌가 실패하면 딸은 다시 컬트 단체로 돌아가서 변호사를 불러 부모에게 소송을 겁니다. 부모를 파산시켜요. 징역도 살게 합니다. 인권유린, 납치 등의 죄목을 씌워서요. 반드시 탈세뇌에 성공해야 그 뒷감당을 안 할 수가 있죠. 굉장히 어려운 작업입니다. 그래서 많은 디프로그래머들이 몇 번 고소를 당해서 파산하거나 범법자가 되어버린 케이스가 있어서 상당히 어려워졌다고 합니다.

제가 세뇌에 대해 이야기를 하는 것은 이것이 일상에서 벗어난 특별한 케이스 같지만, 우리 현실을 만들어내는 최면의 범주에서 크게 벗어나지 않는다는 것을 알려드리기 위함입니다. 평범한 일상이라고 해서 내가 진실이라고 믿는 최면적 현실 감각을 벗어나는 것이 아닙니다. 그리고 이 현실 감각이 고착되는 순간 나는 세뇌되었다고 말할 수 있죠. 최면이나 세뇌라는 말이 우리 삶과 벗어난 것처럼 보이지만 우리가 가지고 있는 신념과 가치관을 조금만 살펴보아도 이 원리에서 벗어나지 않는다는 겁니다.

최면적 맥락을 형성하는 방법

컨빈서 이야기로 돌아가서 조금 더 이해를 돕도록 덧붙여 보겠습니다. 한 가지 사례를 더 말씀드릴게요. 저는 상담으로서의 최면을 더 많이 했었습니다. 쇼적인 최면은 제가 쇼맨십이 부족해서 많이 해보지 않았습니다. 마늘을 먹이고 닭처럼 춤추게 하는 최면은 잘 못 해봤어요. (웃음) 많이 해봤자 이름을 까먹게 하는 정도로 소프트한 것들을 소심하게 몇 가지 해봤습니다. 주로 많이 했던 것은 심리적인 문제 때문에 고통스러워하는 분, 약을 먹고 입원할 정도는 아닌데 그렇다고 혼자 고민을 끌어안고 있어도 답이 나오지 않는 그런 분들을 주로 많이 만났습니다. 그런 분들과 작업할 때 과거로 돌아가는 작업을 종종 하게 됩니다. TV에서 많이 보셨죠? 손가락을 탁 튕기면 "전 지금 일곱 살이에요."라고 하면서 울고 그러잖아요? 그렇게 과거로 돌아가는 것을 리그레션regression이라고 합니다. 퇴행이라고 번역하기도 하는데 퇴행은 병리학 용어로 다른 의미가 있어요. 성인의 발달단계에 있는 사람이 거꾸로 유아적인 단계로 돌아가서 고착되어버리는 것을 퇴행이라고 합니다. 하지만 최면 작업에서 리그레션은 병리적인 현상을 일으키는 건 아니거든요. 일시적인 몰입으로 체험하는 거라서 보통 역행이라고 많이 표현합니다. 퇴행과 분리해서 이야기하기 위해서 연령 역행이라고 부릅니다. 리그레션을 해보면 평소에는 잘 기억하지 못하는 어린 시절의 장면이나 기억이 떠오르는 경우가 많습니다.

어떤 사람이 이를 갈 거나 손톱을 물어뜯는 습관이 있다고 가정하겠습니다. 이를 스스로 고치려고 하는데 잘 안 고쳐집니다. 그러면 "도대체 몇 살 때 어떤 사건으로 인해서 심리적 상처가 있었기에 이런 습관이 형성되었을까?"라는 의문을 가지고 과거로 역행을 시도하는 것이 리그레션 이지요. 하지만 최면가가 아무런 사전 준비 없이 "일곱 살 때로 돌아가실 수 있을까요?"하고 부탁을 드리면 아무것도 떠오르지 않습니다. 멍해요. 내가 왜 과거로 가야 하는지, 갈 수는 있는지 모든 게 모호합니다. 앞에서 최면에서 가장 중요한 것이 맥락이라고 말씀드렸죠. 먼저 상담가와 내담자 사이에 맥락을 명확하게 형성해야 합니다. 여기서는 '손톱을 물어뜯는 습관을 버리는 것'이 내담자가 원하는 것이 되겠지요. 이렇게 바라는 것을 명확하게 언어화하고 최면가가 이것을 해결하고 도와줄 수 있는 사람이라고 인지하도록 해야 합니다. 앞에서 할머니가 제럴드 카인을 바라봤던 것처럼 이 사람의 말은 들을 가치가 있고 따라 해볼 만한 가치가 있다고 맥락이 형성된 상태에서는 최면가가 하는 말은 최소한의 힘을 가지고 있습니다. 컨빈서를 만들 준비가 되는 것입니다. 그래서 내담자와 최면 전 대화를 할 때 어려움을 겪고 있는 상황을 자세히 묘사하고 바라는 바를 말하며 욕구를 일으키는 것이 첫 단계입니다.

최면 작업을 시작할 때 보통 처음에 진행하는 작업이 있습니다. "눈을 감아보세요." 하고 요청한 다음에 감은 눈의 힘을 푸는 걸 묘사합니다. 그 묘사를 듣고 있으면 아까 말했던 이데오모토 반응, 바로 관념에 의해서 몸이 움직이는 반응과 함께 눈 부위에 느낌이 달라집니다. 이 느낌 변화를 이데오센서리ideosensory 반응이라고 합니다. 최면가의 말을 몰입해서 듣고 있으면 실제로 눈이 편해지는 것 같은 기분이 들어요. 그렇게 눈이 충분히 편안해지고 무거워진 기분이 들면 "당신은 눈을 뜨려고 해도 떠지지 않을 겁니다. 눈을 뜨려고 시도하지만, 눈꺼풀이 무겁고 피곤하게 느껴져서 눈을 뜨고 싶지 않아집니다. 뜨려고 노력하지만 떠지지 않을 겁니다. 자

시도해보세요. 안 떠집니다. 뜨려고 시도하지만 떠지지 않습니다." 이렇게 최면 제안을 합니다. 그러면 내담자가 진짜로 시도해봅니다. 그런데 "안 떠지네? 진짜 안 떠지는구나."라는 것을 체험하게 되면 컨빈서 하나가 훌륭하게 만들어지게 됩니다. 이렇게 하나의 컨빈서를 획득하는 것을 최초의 목표로 삼습니다. 잘 안 된다면 될 때까지 합니다. 최면은 최면가의 능력이 아니라 내담자의 학습 능력입니다. 내담자가 이해하고 받아들이는 순간 가능하게 되는 것입니다.

이렇게 첫 컨빈서를 경험하게 되면 그다음부터는 쉬워집니다. 왜냐하면, 최면가가 말을 하고 그 말이 내담자에게 체험으로 일어났기 때문에 실재하는 현실이 되는 것이지요. 두 번째로는 "자, 당신의 팔을 쭉 뻗어서 놔두면 팔이 장작처럼 굳어져서 굽혀지지 않습니다. 딱딱하게 느껴집니다. 굽히려고 해도 굽혀지지 않습니다. 굽혀보세요. 안 굽혀집니다." 이렇게 말하고 이를 내담자가 체험하게 합니다.

두 번째 제안에 내담자의 팔이 안 굽혀지면 내담자는 "어? 진짜 안 굽혀지네?"라고 놀라면서 컨빈서가 한 번 더 돌아가 강해집니다. 그러면 이번에는 "제가 당신의 팔을 잡아 올렸다가 놓으면 팔이 깊이 이완되어서 편안해집니다. 푹 이완돼요." 이렇게 또 하나의 컨빈서를 돌립니다. 그러면 실제로 팔이 편해지는 기분이 드는 거예요. 그렇게 컨빈서가 세 번 더 강해졌죠? "제가 손가락 소리를 딱! 소리 나게 튕기면 당신은 머리부터 발끝까지 온몸이 팔에서 느낀 것처럼 깊은 이완으로 들어가는 것을 느끼게 됩니다. 잠시 뒤에 제가 손가락을 튕기면 당신은 깊은 이완으로 들어갑니다. 하나 둘 셋!" 하고 손가락을 탁 튕기면 온몸이 이완됩니다.

만약에 처음 오자마자 "제가 손가락을 튕기면 이완되실 거예요."라고 말했다면 "모르겠는데?" 이런 반응이 나오게 마련입니다. 그 맥락에 초대가 안 된 것입니다. 컨빈서가 만들어지지 않아요. 먼저 기꺼이 최면가의 말에 따를 맥락에 초대를 하고 그 맥락 위에서 컨빈서를 작은 거부터 하나씩 만들어서 키워나가다 보면 눈덩이가 불어나듯이 커지게 됩니다. 충분히 커진 다음에는 "평소라면 무리야."라고 받아들이지 못했던 것도 "이제 당신의 손톱을 물어뜯는 것과 관련

된 과거의 어린 시절로 돌아갑니다. 하나 둘 셋" 딱! 하면 바로 가는 거예요. 생각할 필요 없이 바로 체험으로 일어나는 겁니다.

신비체험의 실체

최면에서 가장 중요한 것은 내담자가 최면가의 말을 들었을 때 "그럴 수 있나?", "이런 의미인가?"라는 생각을 하는 게 아니라 즉각 체험하는 것이 중요합니다. 컨빈서는 이 즉각적인 체험을 일으키기 위해서 꼭 필요합니다. 만약 컨빈서가 충분히 만들어지지 않고 맥락도 제대로 형성되지 않은 상태에서 "과거로 돌아가세요." 하면 "돌아갈 수 있나? 어떻게 돌아가지?"라는 생각을 해요. 생각으로 가지 않고 컨빈서의 힘에 의지해서 곧장 그 체험으로 들어가도록 만드는 것입니다. 최면가들이 보여주는 신비한 것처럼 보이는, 비일상적인 것처럼 보이는 그런 능력을 구조적으로 정리하면 이와 같습니다. 논리적으로 신비한 구석은 없죠. 이 원리를 그대로 이용하게 되면요. 같은 원리로 이런 것도 가능해집니다. 어떤 특정한 자세로 앉아서 특정한 패턴의 호흡을 일정 시간 이상하면 어떤 현상이 발생한다. 그 현상이 발생해서 얻어지는 능력으로 무엇을 할 수 있게 된다. 그 능력을 좋은 데 쓰면 공덕을 받아서 좋은 곳에 태어나게 된다. 뭐 이런 종교적인 논리체계가 있을 수 있잖아요? 그것도 컨빈서 연쇄 반응으로 이해할 수 있게 됩니다. 호흡 훈련 모델이 만들어지는 거예요. 호흡과 그 효과에 대한 최면적 현실 감각이 생성되는 것입니다. 지금 제가 이야기해드리는 내용 이해되시나요? 납득이 되십니까? 이 과정을 이해하는 것이 굉장히 중요해요.

옴진리교를 아까 잠깐 이야기했었는데 옴진리교 신도가 된 사람들은 주로 밀교*나 쿤달리니**에 기반을 두고 있거나 아니면 힌두교에 베이스를 깔고 있는 오컬트*** 집착증자들

---

* 일반적인 종교적 가르침이 아닌 은밀하게 전해 내려오는 가르침
** 인간에게 잠재된 우주의 에너지로 쿤달리니를 각성하게 되면 신비한 능력을 얻는다고 말한다.
*** 과학으로 설명할 수 없는 초자연적인 현상

이 많았어요. 저도 예전에 그런 오컬트의 광적인 팬이었습니다. 그런 사람들에게는 맥락이 잘 맞았던 것이지요. 아사하라 쇼코 교주가 이야기하고 있는 수행체계와 거기에 따른 논리들이 자신이 평소 관심을 두고 체험하던 것과 접점이 많이 있었던 것입니다. 맥락이 있었기 때문에 컨빈서가 불꽃을 틱 워주게 되면 최면적인 현실이 만들어지는 과정이 빠르게 진행되는 거죠. 그런 지적인 배경을 공유하고 있지 않고 맥락이 만들어질 만한 연결고리가 없는 사람들에게는 이야기해도 먹히지 않았을 것입니다.

에릭소니언 스퀘어

앞의 이야기와 연결해서 NLP에서 가장 중요한 네 가지 기둥에 대해 말씀드리겠습니다. NLP의 네 가지 기둥은 결과Outcome, 라포르Rapport, 민감성Sensory acuity, 유연성Flexibility을 말합니다. 네 가지 기둥 중 라포르는 신뢰감, 친밀감, 커뮤니케이션이 가능하고 상호작용이 가능한 상태, 같은 눈높

이에 있는 상태, 서로가 귀를 기울일 수 있는 상태를 말합니다. 앞에서 말한 나의 이야기를 들을 준비가 된 상태를 말하는 것입니다. 라포르가 없으면 작업이 불가능하므로 모든 작업의 첫 단추라고 할 수 있습니다. 앞에서 최면이 가능하려면 말을 했을 때 그것이 생각한 다음에 받아들여지는 것이 아니라 말을 듣고 나면 바로 신체 반응이나 감정 반응이 올라와서 나의 게임에 참여하게 되는 것, 이것이 굉장히 중요하다고 했잖아요? 바로 이와 같은 상태는 라포르가 매우 깊은 상태입니다. 라포르가 굉장히 깊은 상태는 최면적 현상이 일어나기가 쉬운 것입니다. 라포르를 잘 형성하기 위해서는 민감성이 개발되어야 합니다. 여기서 말하는 민감성은 오감의 민감성입니다. 보이는 것, 바디랭귀지와 표정, 눈의 방향, 상대방의 목소리의 높고 낮음, 왠지 모르게 망설이는 것 같은 분위기, 내가 무엇인가 이야기를 할 때 그 사람이 풍기는 뭔가 딴 생각하는 것 같은 느낌, 이런 것들까지도 민감하게 캐치할 수 있는 그런 능력을 말합니다. 이 민감성을 바탕으로 라포르를 형성할 수 있게 되고 형성한 라포르를 바탕으로 그 사람의 현실 감각, 리얼리티 감각에 개입을 시도하게 됩니다. 상대방의 리얼리티에 개입을 하려면 내가 유연성을 가지고 있어야 합니다. 나 스스로가 고정된 사고의 틀에 갇혀 있는 상태에서는 고정된 타인을 유연하게 다른 세상으로 보내준다는 것이 불가능합니다. 여러 가지 최면적 현실을 오고 갈 수 있는 유연성이 다른 사람의 리얼리티를 변화시키는 열쇠이지요.

지금 이야기하는 이 흐름을 몸에 익히는 것이 굉장히 중요합니다. 라포르에서 민감성, 유연성으로 이어지는 연결고리를 마음에 새기고 잘 이해하시기 바랍니다. 앞서 지속해서 최면의 용어를 빌려서 이야기해서 "최면을 배워야 하나?"라고 생각하신 분들이 계실지 모르겠습니다. 이는 최면 용어를 사용하는 것이 모델링과 최면적 현실에 고착되는 현상을 설명하기 쉽기 때문에 가져다 쓴 것뿐 에릭소니언 NLP를 사용하는 것으로 모든 작업이 가능합니다. 최면의 원리가 이미 다 들어 있기 때문입니다. NLP의 네 가지 기둥 또한 용어는 그대로 빌려서 사용하였지만, 그 내용과 의미가 기존의 NLP 서적과는 다릅니다. 그래서 에릭소니언 NLP 심리

에릭소니언 스퀘어
Ericksonian Square

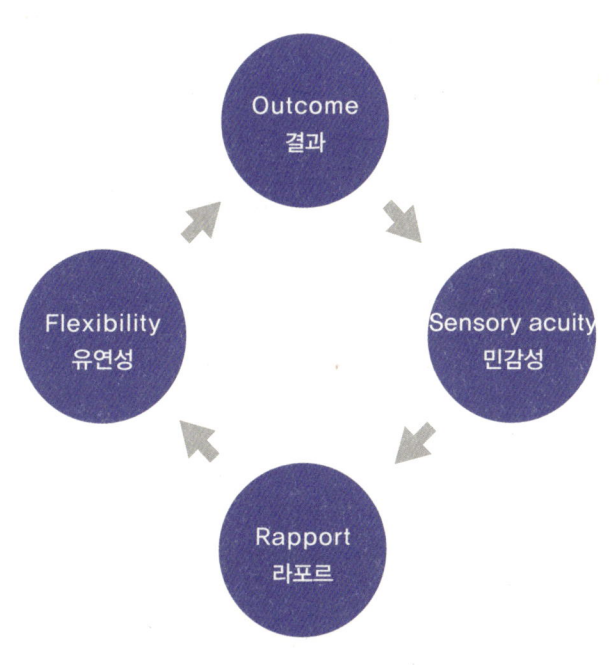

연구소에서는 이 NLP의 네 가지 기둥을 에릭소니언 스퀘어 Ericksonian Square라고 새롭게 명명하였습니다.

전반부에 책 소개를 하면서 책을 많이 읽었지만 별 성과가 없었다고 말씀드렸습니다. 책으로 NLP를 배우기 어려운 이유는 사고의 틀은 그대로 유지한 채로 지식만 덕지덕지 붙여 버리는 경우가 많아서입니다. NLP 책이나 강의를 들으면 유연하게 대처하라고 이야기합니다. 유연하기 위해서 책을 열심히 읽고 지식을 쌓습니다. "그래 유연해야 돼!"라고 경직된 채로 생각합니다. 유연성은 결심이나 다짐으로 만들어지는 것이 아닙니다. 유연할 수가 없어요. 직접 세상과 대면하여 부딪치고 깨지고 나면 그제야 "아! 내가 좁은 세계에 갇혀 있었구나!", "하나의 리얼리티를 전 세계인 줄 알고 살았었구나! 수많은 리얼리티 중의 하나인데."라는 사실을 체험하게 됩니다. 이 깨달음 이후에 밀턴 에릭슨이 무엇을 말하는 것인지 그리고 NLP에서 말하는 유연성이라는 개념의 진정한 의미를 알게 되었습니다. 그리고 유연성을 알려면 단어를 이해하는 것이 아니라 체험되어야 함을 알게 되었습니다.

마인드 매핑

　　　　　NLP의 네 가지 기둥 중에서 '결과'는 일반적인 NLP에서는 성과로 번역하여 내가 바라는 목표를 명확하게 설정하는 것을 말합니다. 하지만 NLP 에릭소니언에서는 다르게 보고 있습니다. 본래 영어로는 Outcome으로 성과보다는 결과로 번역하는 것이 더 적절하다고 봅니다. 에릭소니언 스퀘어에서 결과의 의미는 어떤 목표를 설정하는 것이 아니라 현재의 상태를 확인하는 것입니다. 현재를 확인하고 지금 내가 딛고 있는 땅이 어디인지를 아는 것이 중요합니다. 현재를 확인한 후에 앞서 설명한 라포르, 민감성, 유연성의 단계를 거치고 다시 한번 현재 나의 상태를 확인하여 그동안 진행된 궤적의 결과를 확인하는 것이지요. 이 네 가지 요소의 끊임없는 순환이 에릭소니언 NLPer[*]로서 경험하는 삶의 과정이라 말할 수 있습니다. 이 과정을 체화하고 살아가게 되면 다른 사람의 월드 모델은 어떤 것인지 매핑mapping을 할 수가 있습니다. 사람의 마

---
[*] NLP를 사용하는 사람

음을 모델링 해서 지도를 그려 파악하는 느낌입니다. 그리고 이 지도를 바탕으로 다른 사람의 세계 속으로 들어가서 받아들일 만한 맥락에 자유롭게 접속하고 공명하는 능력을 갖게 됩니다.

자, 다시 컨빈서로 돌아가서 마무리하겠습니다. 이 컨빈서를 이용하는 것은 제삼자가 보기에는 컨빈서를 활용하는 사람이 대단한 능력이 있는 것처럼 보여요. 몇 마디 말로 화상을 입은 환자를 무통 상태로 만든 제럴드 카인이 대단한 사람처럼 보입니다. 최면가가 내담자에게 과거를 체험시키고 트라우마를 해결하고 통찰을 얻고 이런 과정과 예시를 보면 '저 사람 최면을 잘하는구나, 대단하구나!' 이렇게 생각하게 됩니다. 하지만 실제로는 그 개인에게 힘이 있는 것이 아니라 인간의 정신 구조가 작동하는 근본원리라고 할 수 있는 컨빈서가 핵심 요소라고 봅니다. 우리는 컨빈서가 갖고 있는 힘, 인간의 정신 자체가 가진 작용력에 올라타서 활용하는 거예요. 힘을 빌려 쓰는 것이지요. 이 사실을 명확히 인지하시기를 바랍니다.

왜냐하면 컬트 종교의 교주도 그렇고 최면을 배우신 분 중에 특히 젊은 남자들, 20대 초중반에서 많게는 후반의 분들이 최면을 배우게 되면 약간 드문 케이스이긴 하지만 힘에 도취돼요. 왜 드문 케이스냐면 잘할 수 있어야 하는데 잘하는 사람이 드물게 있어서…. (웃음) 아무튼 "내가 타인을 좌지우지할 수 있구나!"라는 것에 도취돼서 안 좋게 남용하는 경우가 있습니다. 사기꾼들은 현실 감각을 왜곡해서 그럴싸하게 체험시키는 능력이 매우 탁월합니다. 다만 그 능력을 배워서 사용하는 것이 아니기에 활용하는 것에 한계가 있습니다. 이런 능력을 구조적으로 잘 배운 사람이 그 능력과 자기 정체성을 동일시하게 되면 "나는 이제 대단한 사람이야."라고 느낄 수 있습니다. 그러면 이 사고방식이 어떤 식으로든 결과적으로 탈을 일으키게 됩니다. 에릭소니언 NLP는 굉장히 강력한 힘을 가지고 있지만, 그것이 한 개인에게 귀속된 것이 아니라 인간이 공유하고 있는 어떤 힘이자 작용력인 것입니다.

질문과 답변

Q

종교 단체의 교세 확장과 전도 전략은?

A

성경이라는 공통된 맥락을 가지고 있으면 이미 받아들일 만한 맥락이 형성되어 있으므로 쉽게 상대방의 세계와 라포르를 형성하고 변화를 일으킬 수 있습니다. 언어에는 다양한 계층이 있기에 다층적 해석이 가능합니다. 성경의 인물과 사건 같은 익숙한 맥락을 공유한 채로 다른 해석과 체험을 제시하여 컨빈서를 조금만 돌려주면 체험과 납득이 일어납니다. 그래서 기독교인을 주로 포섭 대상으로 삼는 종교도 있는 것입니다.

일반인들을 상대하고 싶다면 기독교인들을 상대로 할 때와는 다른 포인트로 공유하는 맥락의 형성이 필요할 것입니다. 맥락을 형성하는 도구로 도형 심리 검사를 빌려와서 사용합니다. 아마도 복잡하고 어려워 보이지 않고 시간도 오래 걸리지 않아 보이는 점을 이용하는 것 같습니다. 모든 사람은 자기 자신에게 관심이 있습니다. 그래서 누구와도 맥락을 형성하기 쉬운 도구인 것이죠.

도형 심리 검사
네가지 도형의 의미

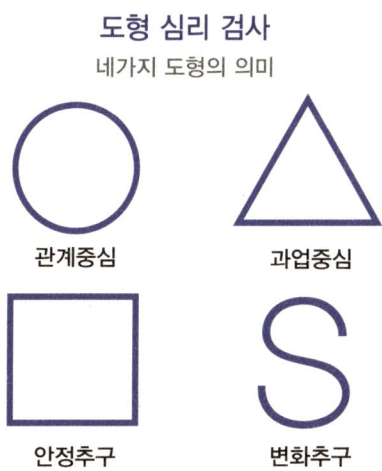

동그라미, 네모, 세모를 가지고 A4용지 한 장을 주고 그림을 그리라고 합니다. 겹쳐서 그려도 되고 자유롭게 그릴 수 있습니다. 요령을 간단히 알려준 다음 이 검사를 마치면 개인의 성향과 성공하는 방법, 마음이 편해질 방법 등을 알려주겠다고 이야기합니다. 그런데 그냥 길 가는 사람 한 명을 붙잡고 "도형 심리 검사 한번 받아보실래요?" 하면 "됐어요." 하고 거절당하기가 쉽습니다. 그래서 카페 같은 곳에 앉아 있는 사람에게 가서 "제가 심리 치료 공부를 하는 학생인데 검사 케이스를 몇 개 만들어야 하거든요. 저는 검사 케이스를 만들어 공부할 수 있게 돼서 좋고 당신은 무료로 검사를 받아볼 좋은 기회인데 종이에 그림 몇 장만 그려주실 수 있을까요?"라고 요청을 해요. 그러면 받아들여질 만한 맥락이잖아요. 그림을 그려서 심리 검사를 하는 것은 어려운 제안도 아니므로 좋다고 할 가능성이 매우 큽니다. 이런 식으로 심리 검사의 맥락을 타고 들어가서 현실 감각을 변화시키는 작업을 합니다. 그 후에는 자연스럽게 종교나 수련 등 자신이 원하는 방향으로 이끌어가기가 쉬워지는 것이죠.

두 사례의 공통점을 찾으셨나요? 바로 받아들일 만한 맥락을 형성하는 것입니다. 성경 공부, 도형 심리 상담, 자산관리 상담 등 여러 가지 맥락 형성 전략이 있습니다. 한번 이 맥락을 허용하여 진행 과정에 발을 들이게 되면 거절하기 매우 어려워집니다. 컬트 종교들이 이런 걸 잘해요. 모르는 사람의 눈에는 잘 보이지 않지만 아는 눈으로 보면 매우 정교하게 작업을 하고 있다는 것을 알 수 있습니다.

05

마음을 다루는 방법

마음은 눈으로 볼 수도 없고 만질 수도 없습니다.
우울함을 없애고 싶은 환자라면
우울함이 만져지지도 않고
아무런 형체가 없으니까 다룰 수가 없습니다.
리그레션, 전생 요법, 파트 테라피, 빙의 치료는
마음을 하나의 틀로 딱 잡아줌으로써
다룰 수 있게, 이해할 수 있게 만들어주는 거죠.
그게 모델이 가진 힘입니다.

리그레션

　　　　　최면과 컨빈서의 작동 원리에서 모델링으로 그리고 모델링에서 NLP로 이어지는 이 구조는 지금까지 어떤 NLP 강의와 서적에서도 다룬 적이 없는 내용입니다. 조금은 길게 느껴질 수 있지만 다양한 예시들을 꼼꼼히 떠올리며 따라오시면 이해하는 데 어려움이 없으리라 생각합니다.

　사람들은 보통 자신이 가진 풀리지 않는 심리 문제가 있을 때 그것을 해결하기 위한 원인이 있을 것이라고 가정합니다. 트라우마 얘기를 많이 하잖아요? 어릴 때 어떤 사건을 겪었고 그 상처가 해결이 안 된 채로 남아 있어서 지금 나에게 이런 문제가 발생한다는 논리적으로 설명이 되는 모델이 있습니다. 제가 모델이라고 말했죠? 맞습니다. 트라우마가 존재하여 우리에게 영향을 주는 것도 모델입니다.

한 가지 예를 들어 보겠습니다. 무기력하고 우울감이 심한 사람이 최면가를 찾아갑니다. 최면가는 리그레션regression을 통해서 내담자가 과거의 기억을 떠올리도록 합니다. 내담자가 다섯 살 때 부모님은 맞벌이로 정신없이 바쁘셨고 내담자는 방치되는 경험을 하였습니다. 어린 시절의 내담자는 문이 잠긴 방에 갇혀진 채 아무리 문을 두드리고 울어도 알아주지 않아서 버림받은 것 같은 공포를 느꼈었습니다. 그 기억과 감정이 제대로 처리되지 않았고 그대로 압축되고 보관되었다가 순간순간 튀어나와서 현재의 삶에 문제를 일으킵니다. 최면가는 내담자를 다섯 살 어린 시절의 나로 되돌리고 부모님과 맺혀 있던 감정을 충분히 이야기하고 버림받은 것이 아니라는 사실을 확인하게 합니다. 그렇게 감정을 해소하고 나자 지금 현실에서 느끼던 우울감과 무기력함이 사라지게 되었습니다.

실제 최면 세션에서 일어나는 일입니다. 내담자에게는 이 체험이 명백한 사실로 느껴집니다. '과거에 다섯 살의 사건이 나에게 이런 문제를 일으켰구나.'라는 사실로 인식됩니다. 하지만 앞서 거듭 이야기한 것처럼 나에게 사실로 느껴진다고 해서 그게 진실이라는 것을 담보하지는 못합니다. 리그레션을 했는데 가짜 기억들이 나오는 경우도 대단히 많습니다. 아이러니한 것은 가짜 기억을 통해 증상이 좋아지기도 한다는 것입니다.

유명한 사례를 하나 들어보겠습니다. 미국에서 있었던 20대 여자분의 사례입니다. 이 여성이 우울증이 있어서 최면치료를 받았습니다. 리그레션을 진행했는데 어린 시절 아버지로부터 성폭행을 당했던 기억이 떠올랐어요. 큰 충격이었겠죠? 여성분은 최면가와 함께 그 당시의 감정을 경험하고 아파하고 아버지에게 사과를 요구하고 용서하며 최면치료를 마쳤습니다. 그 결과 우울증이 호전되었습니다. 호전되고 난 이후에 최면가와 손잡고 아버지를 고소했어요. 과거의 성폭행 사건을 처벌하기 위한 법정 공방이 아버지와 딸 사이에 지루하게 이어졌습니다. 아버지는 절대로 그런 적이 없다고 항변했다고 합니다. 그러던 중 아버지의 변호사가 놀라운 자료를 찾아내서 무죄를 입증했습니다. 어떤 자료였냐면 딸이 성폭행을 당했다고 주장한 시기의 신문기사를 변호사가 다 뒤졌어요. 그랬더니 딸이 묘사한 것과 똑같이 묘사되어 있는 성폭행 사건의 기사가 실려 있었습니다. 성폭행은 사실이 아니었습니다. 어린아이가 그것을 읽고 큰 충격을 받은 거예요. 그리고 강한 인상으로 남아 있었던 것이지요.

최면 작업을 받으러 가는 사람은 보통 무의식 속에 무언가 원인이 있으리라는 기대를 하고 찾아갑니다. 최면가가 최면을 걸 때 이렇게 이야기합니다. "이 극심한 우울감이 처음 시작되었던 그때로 돌아갑니다. 하나 둘 셋!" 이렇게 무의식으로 들어가면 트라우마를 일으키는 사건을 발견하게 됩니다. 그런데 지금 제가 방금 한 말을 잘 살펴보시면 '이러한 감정이 처음 시작되었던 때로 돌아갑니다.'라고 처음부터 정해버렸어요. 하지만 실제로 과거의 사건으로 인해 현재 우울증이 있는 것인지는 입증된 바가 없습니다. 그런데도 이를 전제로 깔고 최면 작업을 시작하는 것이지요. 다시 말하면 우울감을 해결할 수 있는 여러 가지 방식이 있을 텐데 그중에 '과거에 원인이 있다는 모델'을 채택해서 작업을 진행하고 있다는 것입니다.

최면 작업은 컨빈서가 확립이 되고 최면가의 말을 즉각적으로 체험하기 시작하는 상태에서 이루어집니다. 이때 '과거에 원인이 있다는 모델'을 전제로 작업하면 무의식은 그 전제에 협조하여 과거의 데이터들을 검색해서 이 우울함의 원인일 법한 과거의 기억을 호출합니다. 과거 기억의 이미지와 상징, 여러 오감 정보를 조합해서 의식으로 업로드합니다. 그러면 의식은 이 조합된 정보를 플레이하여 생생하게 경험하게 됩니다.

이는 마치 꿈을 꾸는 것과 비슷합니다. 〈인사이드 아웃〉이라는 애니메이션을 보셨나요? 사람의 마음과 하위 자아들 사이의 관계에 대한 통찰이 담긴 영화이니 한번 보시기를 추천합니다. 이 영화를 보면 주인공 라일리 안에 드림 프로덕션이 있습니다. 번역하면 꿈 제작소입니다. 이 꿈 제작소가 현실에서 주인공에게 있었던 여러 사건과 감정들을 처리하도록 도와줍니다. 현실에 존재하는 선생님, 친구들, 무서운 광대 등 여러 캐릭터를 사용하여 덜 처리된 감정을 꿈속의 경험으로 처리합니다. 비유하자면 무의식 속에 꿈을 만드는 감독이 있는 것이죠. 리그레션을 진행할 때도 이와 마찬가지입니다. 무의식이라는 감독이 트라우마 모델로 접근하고 있음을 이해하고 그 모델에 맞게 과거의 기억 중에서 어울리는 내용을 찾고 캐릭터를 캐스팅하고 스토리를 구성해서 업로드합니다. 내담자는 그것을 경험하는 거죠. 가장 중요한 것은 이 가상의 체험이 실제 증상을 호전시킨다는 것입니다. 증상의 호전을 경험하면 한 개인에게는 절대 불변하는 사실로 작용합니다. 그것이 실제 일어난 일인지 아닌지는 불분명함에도 말이죠.

리그레션은 과거의 사건을 바꿈으로써 인간을 치료하는 하나의 모델입니다. 마음은 눈으로 볼 수도 없고 만질 수도 없습니다. 우울함을 없애고 싶은 환자라면 우울함을 측량할 길도 없고 만져지지도 않고 형체가 없으니까 다룰 수가 없습니다. 그래서 과거에 어떤 사건이 있었고 그 영향으로 지금의 문제가 일어난다는 것을 그림으로 딱 잡아줌으로써 다룰 수 있게, 이해할 수 있게 만들어주는 거죠. 그게 모델이 가진 힘입니다. 사실이 아닐지언정 그렇게 모델링을 해놨기 때문에 제어할 수가 있게 되는 것입니다. 이것이 NLP를 실천하는 데 있어서 꼭 알아야 하는 모델링입니다.

전생을 체험하는 기전

리그레션과 유사한 다른 모델을 예로 들어보겠습니다. 바로 전생으로 가는 모델입니다. 영어로는 Past-life regression입니다. TV에서 최면을 다룰 때 많이 사용하는 방법입니다. "당신은 이제 전생으로 돌아갑니다. 하나 둘 셋! 당신은 누군가요?" 했더니 "난 유관순이야!" 하면서 만세를 외치고 고문당해서 괴로워하고 그러잖아요. 나폴레옹이라고도 하고 클레오파트라도 자주 나오죠? 나이팅게일, 시저 등 위인전에서 읽어봤던 사람들이 많이 나와요. 그런데 재밌는 것은 평소라면 상상도 못할 사건사고가 떠오릅니다. 이를 체험하는 사람은 엄청난 카타르시스가 있어요. 굉장히 현실감 있게 느껴집니다. "진짜 내가 전생에 나폴레옹이었다니!" 할 만큼 실감 나서 만약 나폴레옹이라면 마지막 패배에 대한 수치심과 원대한 꿈이 좌절된 것에 대한 슬픔으로 펑펑 울어요. 게다가 한 번도 떠올린 적 없는 이름과 사건들이 나오니까 "전생이 진짜로 있구나. 내가 나폴레옹이었다니…. 위인전에서 봤던 그 사람이 나였다니." 이렇게 느껴질 수 있습니다. TV 쇼가 아니라 치유 작업으로서의 전생 최면을 하면 나폴레옹으로서 상처와 좌절을 경험하고 치유하고 나니 내 삶의 고민이 풀리고 좋지 않은 습관도 사라지고 공포증도 없어지는 일이 벌어집니다. 실제 사례들이에요.

그런데 실제 치유적 변화가 일어났다고 해서 그 사람이 전생에 나폴레옹이라는 증거는 없습니다. 조금 허무한가요?

나폴레옹의 삶과 내가 나폴레옹에 관하여 가지고 있는 이미지, 상징성, 그것이 무의식에 의해 캐스팅되어서 이야기로 배열된 것입니다. 전생 치료도 모델 중 하나인 것이죠. 그런데 이 전생 치료 모델이 잘 맞는 사람이 있고 앞에서 설명한 리그레션 모델이 잘 맞는 사람이 있습니다. 어떤 사람은 전생 모델을 자기도 모르게 고집하는 사람이 있어요. 신비적인 세계관을 선호하고 물리 법칙으로 구성된 세상이 전부가 아닐 거라는 이성 너머의 그 무언가에 대한 갈망이 있는 분은 이 전생 모델이 잘 맞아요.

전생 치료를 사용하는 두 가지 접근이 있습니다. 첫 번째는 치료자가 "당신에게 이러한 문제를 일으킨 전생으로 돌아갑니다. 하나 둘 셋!" 하고 보내는 경우입니다. 직접 전생으로 가자고 이야기하는 것입니다. 두 번째는 이 문제와 관련된 과거로 돌아가자고 말합니다. 전생을 전제로 하지는 않지만, 또 전생이 없다는 것을 전제로 하지도 않는 말입니다. 저의 경우에는 보통 후자의 작업을 많이 했습니다. 내담자가 특별히 요청하지 않는 이상 일부러 전생으로 보내는 경우는 거의 없었어요. 그런데 먼저 나서서 전생 치료를 요청한 내담자는 백이면 백 전생으로 가요. 자기가 그런 모델을 원하고 있으므로 전생으로 가는 것입니다. 전생이 존재하기 때문에 그런 것이 아니지요. 있는지 없는지는 확증할 수 있는 길이 없어요. 인간이 경험한 모든 전생 체험들은 다 모델 안에 있습니다. 입증할 수가 없다는 겁니다. 그렇다고 해서 전생이라는 현상이 없다는 걸 이야기하는 게 아니에요. 현상은 일어납니다. 체험할 수는 있어요. 그런데 그게 액면 그대로의 사실인가? 모릅니다. 아까 제가 의자 이야기하면서 이 의자의 색이 무엇인지는 알 수 없다고 했잖아요. 빨간색이라면 인간에게 그렇게 체험되는 것뿐이지 다른 동물에게는 다른 색으로 보이는 것과 마찬가지입니다.

파트 테라피

최면에는 파트 테라피Parts Therapy라는 기법이 있습니다. NLP에서는 6 스텝 리프레이밍이라고 합니다. 상담 학계에도 유사한 기전으로 다루는 기법들이 있지요. 파트 테라피는 인간의 내면에 여러 가지 파트, 다시 말하면 하위 인격들이 존재하며 우리가 나라고 느끼는 것은 이런 하위 인격들의 연합체라고 보는 모델입니다.

개를 보면 무서워하는 증상, 개 공포증이 있는 내담자에게 최면 치료를 한다고 가정하겠습니다. 파트 테라피에서는 이 사람의 전 인격이 개를 무서워하는 것이 아니라 개만 보면 기겁을 하고 도망쳐야 한다는 제한적 신념을 가진 하위 자아가 있다고 가정합니다. 최면가가 그 하위 자아를 불러서 개를 무서워하는 입장을 물러나게 하여 공포가 사라지도록 하는 작업을 파트 테라피라고 부릅니다. 최면가가 내담자를 최면 상태로 넣고 개를 무서워하는 인격을 부르니 열 살 정도 소녀가 나왔어요. 오들오들 떨면서 작은 거에도 소스라치게 놀라는 그런 소녀입니다. 이름도 붙여줬어요. 미미라는 여자아이입니다. 내담자는 이 여자아이에게 질문을 던지기도 하고 미미 자체가 되어 미미의 감정을 경험해보기도 합니다. 그렇게 가상의 대화를 주고받습니다. 소리 내어서 직접 말을 하기도 하고 마음속으로 하기도 하고 때로는 뒤바뀐 입장의 목소리를 내보기도 합니다. 내담자가 미미가 되어보는 경험을 하는 거죠. 전생에서 나폴레옹이 되는 경험을 하듯 내가 불러낸 하위 인격이 되는 경험을 하는 것입니다. 그 체험 또한 매우 실감 납니다. "진짜 내 안에 미미라는 애가 살고 있구나. 내면의 아이가 살고 있네! 하위 자아는 정말 있는 거였어."라고 느낄 만큼 생생하게 나와는 다른 독립적인 존재인 것처럼 말합니다. 앞서 이야기한 사례 중 정신과 의사가 다중 인격을 치료하기 위해서 존재하는 인격을 확인하기 위해 불러내는 족족 새롭게 인격이 만들어졌다는 이야기를 했었잖아요? 그와 유사합니다. 내가 이 아이에게 미미라고 이름을 붙여주기 전까지 미미는 존재하지 않았습니다. 개에 대한 공포를 느끼는 자극과 반응의 화학 작용이 내담자에게 일어나고 있었을 뿐이었습니다. 그런데 하위 자아가 있다는 모델로 접근하면 파트 테라피의 모델에 맞춰서 미미라는 형태가 나타나게 되는 것입니다. 미미가 진짜로 있어서가 아니라 마음에 형체와 기능을 만들어주는 것입니다. 이 모델을 통해서 우리는 마음을 다룰 수 있게 됩니다. 똑같은 증상이라도 파트 테라피 모델을 채택한 경우에는 하위 인격으로 그것이 드러나고 리그레션 모델을 채택하면 과거에 어떤 사건으로 드러나게 되는 거죠. 전생을 채택하면 전생의 사건으로 드러나고요.

빙의는 진짜 있는가?

한 가지 모델을 더 살펴볼까요? 리그레션에서 더 먼 과거로 가면 전생 요법이 되는 것처럼 파트 테라피에서 확장되면 어떤 모델이 만들어질 수 있을까요? 전생 요법처럼 약간 신비주의적인 느낌입니다. 그렇습니다. 빙의 요법이 나옵니다. 파트 테라피 모델은 개인이라는 것이 여러 하위 인격이 모여서 함께 그룹을 이루고 있고 그 그룹이 '나'라는 모델입니다. 그 모델에서 하위 인격을 나의 한 부분이 아니라 나와 다른 외부에서 침범한 영적인 존재라고 보게 되면 빙의 모델이 됩니다. 리그레션이나 파트 테라피는 좀 더 현대적인 모델이라면 전생 치료나 빙의 요법은 과거의 모델이라고도 할 수 있겠지요. 하지만 여전히 과거의 모델을 선호하는 분들이 많이 있어요. 최면가가 "이 증상과 관련된 당신 안의 또 다른 자아를 만나봅시다. 남자일까요? 여자일까요? 키는 얼마나 될까요? 어떤 옷을 입고 있을까요? 어떤 분위기를 풍기고 당신에게 어떤 인상을 주죠?"라고 물어봤을 때 드러나는 하위 자아가 내담자가 감당하기에 너무 벅찬 경우가 있습니다.

내담자가 평소 정직과 성실이라는 가치에 대단한 무게를 두고 살아왔다면 자신 안의 위선적인 측면을 절대 받아들이지 못하는 경우가 있겠지요. 신체적, 정신적으로 벅찬 역기능적 특성이나 자기 파괴적 충동이 있다면 이를 나의 한 부분으로 인정하기보다는 밖에서 침투한 귀신으로 보는 게 편합니다. 내 안에 그런 욕망이 있음을 받아들이기보다는 차라리 내가 빙의되어서 그렇다고 믿는 것을 선호하는 것이지요. 이럴 때 빙의 세션으로 치료하는 것이 수월합니다. 샤머니즘적인 세계관에 익숙하신 분들은 파트 테라피로 최면 작업을 했는데 알아서 빙의로 드러나는 예도 있어요. 본인이

의도하지 않아도 저절로 이런 현상이 일어납니다.

 이번에는 저의 생생한 빙의 세션 사례를 말씀드리겠습니다. 대학 친구의 할머님이 불면증을 앓고 있었는데 그 증상이 매우 심각했습니다. 잠을 잘 자지 못하는 정도가 아니라 한 달 동안 잠을 제대로 주무신 적이 없었습니다. 점점 악화되어 응급실에 실려 가서 수면제와 모르핀을 맞아도 잠을 제대로 못 주무셨죠. 신경도 매우 날카로워져서 함께 생활하는 가족들도 괴로움이 상당했습니다. 그렇게 대학 친구의 의뢰로 할머님을 모시고 최면 작업을 하게 되었습니다. 최면이라 하니 조금 걱정이 되셨는지 부모님과 친구분들까지 여러분이 함께 오셨어요. 일단 할머니만 상담실로 모시고 다른 분들은 밖에 계시도록 한 후 최면 작업을 시작했습니다. 몇 번의 컨빈서 연쇄를 거친 후 파트 테라피를 했는데 이분의 시어머니라고 주장하는 인격이 나왔습니다. 저도 깜짝 놀랐습니다. 시어머니가 나와서 고집 센 노파의 험상궂은 표정을 지으면서 주먹을 꽉 쥐고 "항상 나를 챙겨 주지 않았다!"고 화를 내는 거예요. 사연을 들어보니 할머니가 찾아가는 단골 무당이 있었습니다. 이 무당을 통해서 조상님들께 때가 되면 항상 굿을 하고 큰 잔칫상을 차려주었습니다. 그런데 시어머니만 쏙 **빼놓고** 상을 차려주었다고 합니다. "나는 새 옷도 안 주고 나만 소외시켰다!" 이렇게 말을 하며 길길이 날뛰시는 거죠. 다시 인격을 바꾸어 할머니에게 시어머님이 하시는 말이 사실인지 물으니 "나는 챙겨줬는데…."라고 말을 했습니다. 그러자마자 인격이 확 교체되면서 안 준 게 분명하다고 크게 역정을 내셨습니다.

이 모습을 모르는 사람이 보면 "이야, 진짜 귀신이 들락날락하는구나!"라고 생각하실 겁니다. 하지만 이것을 하나의 모델로 보게 되면 그분이 가진 충동성, 영적 존재들에 대한 공포심과 부채의식, 이런 것들이 상징적으로 돌아가신 시어머니와의 갈등 관계로 표현되는 것입니다. 게다가 단골 무당이 있고 자주 산에 가서 기도하실 정도면 할머니는 귀신이라든가 영이라는 것이 실제 하는 모델 속에서 살고 계시잖아요? 귀신이 있고 잘해주면 귀신이 좋아하고 못해 주면 생떼도 부리는 그런 모델 속에서 살고 계신 것입니다. 그래서 저도 장단을 맞춰줬어요. 거기서 일일이 디프로그래머가 하듯 탈세뇌를 하려고 하면 더 어려워집니다. 그럴 필요도 없고요. 저도 무당 스타일로 귀신에게 호통을 치기도 하고 살살 타일러 보기도 하다가 결국 섭섭지 않게 옷도 한 벌 하고 상도 거하게 차려서 대접해드릴 테니까 이쯤 하자고 협상을 하고 보냈습니다. 이런 협상 과정에서 제가 엄청 맞았어요. "못된 놈!" 이러면서 때리는 거예요. 제가 못된 게 아니라 지금 당신 때문에 할머니가 못 주무시지 않느냐고 호통을 치며 제가 공격을 강하게 나가면 입을 꾹 다물고 말을 안 해요.

재미있는 것이 악을 쓰며 뭐라고 하던 사람이 수세에 몰려서 자기가 말하고 싶은 것을 못하면 말로 표현하는 에너지가 막히니까 몸으로 채널을 변경합니다. "대답하세요!" 이러면 말을 안 합니다. 몸으로 폭력으로 표현해요. 이때 밖에 계신 분들께 도움을 요청해서 팔다리를 하나씩 붙잡고 몸을 못 움직이게 하니까 그제야 다시 말을 하기 시작했습니다. 강제로 채널 변경을 일으킨 거죠.

강력한 감정 에너지가 있을 때 이 힘이 인지로만 가게 되면 생각이 많아져요. 끊임없이 생각을 계속해요. 반면에 생각으로 가는 경로가 차단되어 있고 몸으로 많이 오시는 분들은 몸이 아파요. 만성 피로나 과민 대장 증후군, 항상 어깨가 뻣뻣하게 굳는 것 같이 몸으로 신호가 옵니다. 다른 채널로 변경이 되지 않을 때에는 그 감정에 푹 빠져 지내고 잘 못 나오게 됩니다.

이 분 같은 경우에는 몸으로 발산되는 채널을 표현되지 못하게 막았지요. 그러니 언어 채널로 다시 돌아와서 빙의 모델에 입각한 작업을 하였습니다. 그렇게 시어머니가 만족하고 협상이 타결되어서 "그러면 더는 괴롭히지 않는 것으로 하는 겁니다. 수고하셨습니다." 하고 끝냈어요. 할머니로서는 가장 만족스러운 결과를 얻은 거예요. 자기 모델에 따라서 가장 받아들이기 쉽고 가장 원했던 결과를 체험하게 된 것입니다. 자기가 이해하기 쉬운 사실로 체험하고 이해한 거죠. "이제 가셨어. 한 상 차려드리기만 하면 돼!"라고 만족해 하시며 완결되었습니다. 그날로 바로 좋아지셔서 푹 주무시고 그대로 불면증이 없어졌습니다.

기억은
홀로그램과 같다.

우리는
실재하지 않는 모든 이미지를
머릿속에서 재창조한다.

리처드 밴들러 Richard Bandler

질문과 답변

Q

현재 제 주변에 하나의 모델에 고착되어 문제를 겪고 있는 사람이 있는데요. 아무리 좋은 말을 하고 조언을 해줘도 잘 받아들여지지 않는 것 같습니다. 다른 모델도 있다는 것을 알려 주려면 어떻게 하는 것이 좋을까요?

A

굉장히 중요한 지점인데 마침 질문을 잘 주셨습니다. 감사합니다. 제가 앞에서 프로그래머 혹은 해커의 관점에 지나치게 몰입하거나 모델을 다 파악하고 바라보는 관점에 익숙해지면 위험하다고 말씀드렸습니다. 비인간적이고 정이 없어진다고 할까요?

누군가 진지하게 힘들어하고 무언가에 빠져서 헤어 나오지 못하는 모습을 볼 때 "저 사람은 이런 모델 속에 들어가 있구먼." 이렇게 한발 떨어져 바라보고 분석하게 됩니다. 하지만 분석하고 관찰하는 사람은 절대 다른 사람을 변화시키지 못합니다. 물에 빠져서 허우적거리고 있는 사람을 구하기 위해서는 물에 뛰어들어야 합니다. 다시 말하면 그 사람의 모델 속으로 들어가야 해요. 그 의미는 그 사람의 모델이 담보하고 있는 경험도 같이하겠다는 뜻입니다. 그렇게 해야만 이 사람과 연결되는 느낌을 받을 수가 있어요. 그럴 때 진짜 깊은 라포르가 생기거든요.

앞에서 설명한 빙의 요법 예시와 같은 상황에서 시어머니와 대화하는 할머니에게 "할머니, 지금 이야기하는 시어머님은 할머님이 만든 이미지에 불과해요. 귀신이 있다는 모델을 믿고 계실 뿐입니다."라고 말하면 절대 연결될 수 없습니다. 우울함에 빠져 괴로워하는 사람이 있다면 "아니, 왜 저렇게 우울해하지? 잘못된 신념 체계 속에 갇혀서 저러고 있는 건데, 사실 인생에 그런 것만 있는 게 아닌데. 왜 저것만 생각하지?"라고 메타^{meta}적인 관점, 한발 떨어진 관점에서 조언을 아무리 해봤자 우울한 사람과 세계가 겹치지 않기 때문에 듣지 않습니다.

사람이 가진 모델 속으로 적극적으로 들어가는 방법으로 라포르 형성 스킬들이 있습니다. 우울한 사람은 일반적으로 시선이 아래로 떨어지고 어깨도 약간 굽어지고 느릿느릿 말을 하고 인생이 얼마나 비관적이고 가망성이 없는지에 대해서 이야기를 합니다. 그런데 나는 바르게 서고 명랑한 기분으로 "삶은 꼭 그런 것만 아니야!"라고 이야기한다면 서로 동조가 되지 않아 변하지 않습니다. 또는 "야, 인생이 다 그런 거야. 술이나 마셔." 같은 말로 감정에 대한 접촉을 회피하는 것도 도움이 되지 않습니다.

앞에서도 말씀드린 애니메이션 〈인사이드 아웃〉을 보면 기쁨이라는 캐릭터는 슬픔이라는 캐릭터가 슬퍼하고 있으면 혼자 들뜬 상태에서 이렇게 저렇게 해보자고 권합니다. 그러나 안 통해요. 그러다가 슬픔이의 감정에 진실로 공감하게 될 때 변화가 일어나거든요. 슬퍼하고 있을 때는 나도 똑같이 그 정서에 들어가서 그 사람의 바디랭귀지와 움직이는 속도, 패턴과 비슷하게 맞춰 가다 보면 그 정서가 흘러들어오기 시작해요. 상대방이 실제 경험하고 있는 것이 흘러들어오기 시작합니다. 내가 그 경험, "진짜 슬프구나, 이 모델 속에 갇혀 있을 때는 이런 슬픔이 느껴지네."라는 것을 내가 가슴으로 확인하면서 충분히 경험되고 난 후에 발견되는 다른 시각과 체험들을 이야기할 때

비로소 나의 말이 귀에 들어오기 시작합니다.
자기의 세계가 누군가에게 이해받는 경험을 하게 된 것이죠.
사람들이 말다툼하는 것을 보면 자기 억울한 이야기를 막 쏟아내는데 상대방도 똑같이 자기가 억울한 이야기만 하는 경우가 많아요. 이럴 때 일단 자신의 경험이 충분히 상대방에게 이해되었다는 느낌을 받고 나서야 상대방의 이야기도 들을 귀가 열리게 됩니다.

　내 안의 내적인 갈등 그리고 다른 사람과의 갈등에서 일어나는 일을 구조화하고 경험할 수 있도록 체계화한 것이 NLP입니다. 지금까지는 최면의 언어를 빌려와 모델을 통해 상대방의 세계가 어떻게 창조되는지에 대한 이야기를 이어가고 있습니다. 하지만 모델에 대한 개념만 이해시키는 것이 아니라 모델 속으로 들어가서야 느낄 수 있는 감정에 접촉한 후에야 상대방에게 다른 모델을 체험시켜줄 수가 있는 것이죠. NLP에서는 그 사람의 세계 속으로 들어가는 것을 페이싱^{Pacing}이라고 하고 상대방의 세계 속으로 들어간 다음에 데리고 나오는 것을 리딩^{Leading}이라고 합니다. 페이싱과 리딩에 대한 자세한 이야기는 후속 강의에서 진행됩니다.

06

에릭소니언 NLP

밀턴 에릭슨이 "에릭소니언은 없다."라고 말한 이유는
에릭소니언이라는 하나의 틀로
자신의 최면 과정을 규정지을 수 없었기 때문입니다.
고정된 것으로 변화하는 것을 규정하는 것이
어려웠던 것이지요.
진정한 의미의 에릭소니언은 고정된 것이 아니라
에릭슨이 사용하는 모습과
내가 사용하는 모습이 다른 형태를 띠게 됩니다.
이것이 여러 모델을 자유롭게 이동하는 유연성을 지닌
에릭소니언의 본질입니다.

컨빈서 누적과 고착

모델은 손에 잡히지 않는 마음을 명확하게 경험되도록 형태를 부여합니다. 앞에서 설명한 네 가지 최면 모델도 각각의 작동원리를 이해하고 사용하면 좋은 결과를 낳을 수 있습니다. 안타까운 것은 자신의 모델을 세상 전부로 착각하고 고집하게 되는 것입니다. 예를 들어보겠습니다. 전생 치료만 전문적으로 하는 최면가가 있습니다. 전생 치료에 꽂혀서 그것만 하는 사람들이 있어요. 전생 치료 최면가는 이렇게 주장합니다. "수천, 수만 건의 임상 사례를 누적해봤더니 심신 문제의 90% 이상이 전생에 원인이 있어서 생기는 것이다. 전생 치료를 하는 것이 모든 사람에게 필수적이다." 이렇게 진지하게 믿어요. 앞서 이야기한 '컨빈서 연쇄 작용' 때문에 이 사람은 전생 케이스가 누적되면 누적될수록 "진짜 전생이 있는 게 맞네. 진짜 전생만 치료하면 다 좋아지네."라고 생각합니다. 전생이 작동하는 세계관에 들어가서 살고 그런 현실이 굳어집니다. 그 사람은 전생 치료가 확실히 효과가 있다는 것을 본인이 직접 경험하고 지속해서 체험하니 컨빈서가 수차례 돌아서 당연히 그것을 확신하게 됩니다. 리얼리티가 견고하겠죠. 그 확신을 담아서 책을 써요. 그리고 TV에 나와서 연예인들을 데려다 놓고 전생 체험하는 것을 보여줘요. 그럼 그것을 보면서 샤머니즘적인 세계관에 동조되기 쉬운 분들이 전생 요법 치료를 받으러 갑니다. 그 세계관에 동조하는 사람이 찾아갔기 때문에 전생 체험 현상이 잘 일어나겠죠? 결국, 그 사람은 자신의 모델이 맞는다는 것을 반복 체험하면서 컨빈서가 강화됩니다. 그리고 찾아왔던 분들도 "TV를 보면서 혹시나 했는데, 역시 전생이 있는 게 맞네!"라고

"An outstanding and courageous book...truly important because children *are* trying to tell us about their past lives and we must not remain deaf."
—Brian L. Weiss, M.D., author of *Many Lives, Many Masters*

Children's Past Lives

How Past Life Memories Affect Your Child

Carol Bowman

전생 최면 사례를 담은 책
《Children's Past Lives》

생각합니다. 같은 세계관을 가진 사람들끼리 그룹이 만들어지게 됩니다. 하나의 매트릭스 속에 같이 사는 주민들의 그룹이 만들어집니다.

마찬가지로 빙의 모델만 채택해서 치료하는 분도 있습니다. 이 사람도 주장합니다. "내가 해봤는데. 내가 20년 동안 임상을 했거든. 그런데 90%가 빙의 때문에 그런 거야. 사람들이 몰라서 그래. 영적인 것을 볼 수 있는 눈이 없어서 그렇지. 다 빙의되어 있어." "에이, 그게 어떻게 사실일 수가 있어요?"라고 반문하면 자기가 했던 케이스를 다 보여줘요. 녹화되어 있는 영상, 통계 낸 자료를 모아서 보여줘요. 그 사람에게 경험된 사실들이 있는 겁니다. 그래서 그 사람의 세계관을 바꿀 수가 없어요. 왜냐하면, 굉장히 긴 시간 동안 컨빈서를 돌리고 돌리면서 사실을 누적해왔기 때문에 이미 아주 견고한 거지요. 바꾸기 어려워요. 그런 경우에 발생하는 또 다른 문제는 본인은 그 세계 속에서 나름대로 굉장한 효능감을 느끼면서 살고 있어요. 나는 특별하다. 세상 사람들이 보지 못하는 빙의된 영을 찾아내는 능력이 있다. 또는 잊힌 전생을 찾아서 문제를 해결하는 능력이 있다. 세상에 빛을 늘리고 사랑을 더 늘리는 일을 하고 있다는 나르시시즘적인 요소가 있습니다. 그 세계 안에서 자신의 결핍을 채워주는 요소가 있으므로 이에 대한 반론을 들으면 크게 화를 내거나 논리적으로 계속 반박합니다. 이 능력이 사라지면 자신의 존재도 아무것도 아니게 될 것 같은 불안감이 있습니다. 그래서 자기 모델에 호환되지 않는 다른 모델들의 이야기가 입력이 안 됩니다. 한쪽 귀로 듣고 다른 귀로 빠져나가지요.

인간관계의 열쇠

지금까지 전생 치료, 빙의 치료와 이 모델만 채택하는 전문가에 관한 이야기를 드렸습니다. 다시 말씀드리지만, 모델에는 문제가 없습니다. 문제는 고착에서 생깁니다. 하나의 모델에 굳어지는 것이 문제를 일으킵니다. 모든 모델은 유용해요. 우리는 모델이 없이는 못 산다고 했잖아요? 똥인지 된장인지 모른다고 하죠? 어린아이가 처음 세상을 보며 "저건 하늘이고 이건 땅이구나. 땅은 단단하고 내가 딛고 걸을 수 있구나." 이렇게 말을 하지는 않지만, 체험적으로 그것을 전제하게 됩니다. 이런 게 모델링을 하는 과정입니다. 세계에 대한 그림을 그려나가는 거예요. 모델링은 인간이 인간으로서 살아가기 위해서 꼭 필요한 과정입니다. 하지만 우리가 각자의 모델 속에 몰입해서 살면서 그 모델에 걸맞은 세계를 체험하게 된다는 것을 모른 채로 삽니다. 결국, 그 모델이 내가 사는 전 세계인 줄로 착각합니다. 다양하고 풍요로운 세계를 매우 협소하게 경험하게 되지요. 그 협소함으로 인해 유연성이 매우 부족해집니다. 다른 사람의 세계를 경험하고 이해하는데 어려움을 겪고 커뮤니케이션의 충돌로 이어지는 것이지요. "우리 아버지하고는 애초에 말이 안 통해!", "저 수구 꼴통 놈들 때문에 우리가 헬조선에 살게 되었지." 와 같이 다른 사람의 세계를 경험하고 이해할 수 있는 타협점을 잃어버리게 됩니다. 각자 협소한 세계관 안에서 살아가게 되기 때문이죠.

이제 왜 제가 NLP를 모델링의 과학이라고 소개해드렸는지 조금씩 그림이 잡혀가시리라 생각합니다. 리그레션도 파트 테라피도 전생 요법도 빙의 치료도 모델을 통해서 보면 그 작동원리와 기전이 이해됩니다. 나아가 그 모델을 활용하고 이용할 수가 있습니다. 이것만이 다가 아니죠. 무수히 많은 현대적인 모델이 있습니다. 의식과 무의식에 대한 정의도 학파마다 아주 달라요. 심리상담 방법에는 인지 치료, 마음챙김을 통한 심리치료, 행동주의 치료, 칼 융의 방식으로 집단 원형과 콤플렉스를 품는 방식 등 무수히 많습니다. 이런 것들의 공통점은 합리적인 이성에 바탕을 두고 현대인들이 이해하기 쉬운 상징적인 체계로 구성되었다는 것입니다. 현대 사회에서 받아들일 만한 이성적이고 합리적인 전제를 깔고 만들어진 모델이기 때문에 좀 더 정교한 부분이 있을 수 있습니다.

하지만 전생 모델, 빙의 모델, 종교적이거나 영적인 부분을 포괄하는 모델들, 요가 수행, 티베트 밀교 등 신비적이고 샤머니즘적인 모델들도 그 당시에는 최신 버전으로 업데이트된 세상을 바라보는 모델이었습니다. 그 당시에는 가장 합리적인 방식으로 만들어낸 모델이었다는 거죠. 오늘날에는 과학이 발달하고 자연을 해석하는 방식이 통일되다 보니 이에 입각해서 현대적인 모델이 만들어진 것이고 옛날 사람은 옛날 사람 나름대로 모델을 썼던 것이죠. 그래서 이건 과학이니 비과학이니 할 것이 아니라 어떤 종류의 모델인가의 문제인 것입니다.

제가 거듭해서 한 가지를 강조해서 말씀드립니다. 어떤 모델을 채택하든 그 모델에 충실하기만 하면 그 모델이 담보해 주는 경험을 하게 됩니다. 리그레션은 과거의 특정 트라우마가 발생한 사건을 마주하고 체험할 수 있음이 담보되어 있어요. 빙의 모델은 영적인 존재를 느끼고 개별화하여 대화하고 납득이 되어 떠나보내고 나니 마음이 시원해지고 빛으로 채워져 깨끗해진 것 같은 그런 체험을 담보합니다. 나의 무의식이 특정 모델을 채택하기만 하면 담보하는 경험을 할 수 있습니다. 하지만 이 모델을 채택하지 않은 사람에게는 경험이 전혀 일어나지 않습니다. 전혀 일어나지 않기 때문에 "야 귀신이 어디 있느냐? 과학적으로 증명해 봐." 이렇게 말합니다. 하지만 이 모델을 채택하고 경험해본 사람은 "귀신이 있다는 것을 저 사람은 모르네! 진짜로 있는데…" 이렇게 생각합니다. 정치적 진보주의자와 보수주의자가 싸우는 것과 똑같죠. 회의주의자 그룹과 신비주의자 그룹이 싸우는 것과 똑같습니다. 회의주의자의 세계에서는 이성적으로 이해할 수 없는 신비한 현상이 일어나지 않습니다. 일어나더라도 그것을 이성적으로 이해할 수 있는 것으로 바꾸어 해석합니다.

전생 모델을 굳게 믿는 사람의 주변에는 전생 이야기를 듣고 싶어 하고 그 이야기에 공감하는 사람들이 모입니다. 주변 인간관계와 온라인 소셜 네트워크가 모두 그런 사람들로 채워져 있어요. 그렇게 계속 자신의 경험을 강화하는 현실이 펼쳐집니다. 자기가 믿는 사건 또는 현상이 빈번하게 일어나요. 정치적으로 민감한 이슈가 있을 때는 반드시 연예인의 열애설이 함께 터지는 것 같아요. 민감한 이슈가 있을 때 이를 덮으려는 시도를 찾습니다. 찾는 사람은 발견하게 됩니다. 망치를 든 사람에게는 세상의 모든 것이 못으로 보입니다. 페이스북 같은 SNS를 보면 정치 성향에 맞춰서 친구 추천이 되기 때문에 비슷한 정치 성향이 있는 사람끼리 친구 그룹이 됩니다. 그래서 절대다수라고 판단되는 사람들이 나와 같은 생각과 의견을 표출하고 이야기하기에 실제 투표에서도 내가 지지한 정당이 선거에서 이길 것이라 믿습니다. 하지만 실상은 다르지요. 그러면 불법 선거 개입 의혹을 품고 모든 것을 바라보게 됩니다.

음모론의 실체

여담으로 다른 사례를 하나 들어보겠습니다. 미국에는 UFO에 납치됐던 트라우마를 해결하여 심리를 치료하는 요법 Alien Abduction Therapy이 있습니다. 책도 여러 권 출판되었습니다. 게다가 미국에는 이런 치료 요법을 선호하는 인구가 꽤 됩니다. 국내에서는 그저 괴담같이 생각하지만, 미국에서 설문 조사를 하면 약 과반수가 외계인의 존재와 UFO를 믿으며 이를 미국 정부가 숨기고 있다고 답합니다. 이를 소재로 한 〈X-Files〉라는 유명한 드라마도 있죠. 음모론을 좋아하고 거대한 대변혁이 일어나서 세상이 한번 뒤집히리라는 기대를 하는 사람들도 있습니다.

그런 사람은 UFO 납치 트라우마 치료 전문가에게 상담을 받으러 갑니다. 그런 분에게 최면을 하면 십중팔구는 어릴 때 UFO에 의해 납치되어 수술당하고 실험당하는 기억을 떠올립니다. 정말 있었던 사실처럼 체험합니다. 외계인이 내 배를 뚫고 있다고 말하면서 울고 고통스러워합니다. 치료자는 에너지 임플란트라는 외계인이 심어놓은 에너지체를 뽑아내고 빛의 보호막으로 정화하는 작업을 합니다. 외계인과 연결되어 지속해서 내담자에게 영향을 주던 나쁜 주파수를 끊어내고 나를 수호해주는 존재로부터 보호받도록 합니다. 내담자가 이를 이해하고 체험하면 온전히 보호받는 느낌을 받고 정신을 교란하는 느낌이 사라집니다. 실제로 UFO 납치 트라우마 해결 요법을 사용해서 강박증이라든지 불안 장애 같은 것들이 낫는 거예요. 그러면 환자들은 "역시 정부가 외계인의 존재를 숨기고 있었어. UFO는 정말 있어!" 이렇게 굳게 믿고 이를 적극적으로 알리기 위해 시위도 합니다.

UFO와 외계인에 대한 음모론을 다룬 책
《The Other Roswell》

이 방법을 사용하는 치료사들은 수만 개의 통계 자료가 있습니다. 이 통계를 확대 적용했을 때 2억 5천의 미국 인구 중에 약 1억 명 이상이 UFO 납치를 경험하고 있고 정부는 이를 대중에게 철저히 숨기고 있다고 말합니다. 이를 어떻게 판단해야 할지 아시겠죠? 그 사람들에게는 분명한 사실로 느껴질 수가 있어요. "내 눈앞에 UFO를 갖다 놔봐라." 이러면 증거를 내밀지 못하지만, 에너지 임플란트 말고 "실제 인간의 몸에 주입된 기계를 꺼내놓아봐라." 이러면 못 꺼내놓지만, 심리적으로는 그게 현실로 경험된다는 거죠. UFO와 에너지 임플란트를 내놓지 못하는 나름의 합리적인 이유도 가지고 있습니다.

이렇듯 우리 안에 경험되는 현실이 대단히 다양합니다. 실로 무한해요. 이런 사례들을 통해 말씀드리는 시사점은 우리 자신이 "현실은 이런 거잖아. 세상은 원래 이런 거잖아."라고 믿는 그 리얼리티도 의심해볼 필요가 있다는 겁니다. 이것도 하나의 매트릭스가 아닐까? 나 또한 하나의 세계에 갇혀서 그것에 동조하는 사람들끼리 그룹을 만들어 서로 비숫한 세계를 창조해나가고 있는 것은 아닐지 생각해보세요.

  제가 말씀드리고 있는 바로 이것조차 모델 중의 하나입니다. 이것은 모델들에 대한 모델이죠. 상위 버전의 모델, 메타 모델입니다. 저는 이 관점이 우리에게 대단한 자유로움을 준다고 생각합니다. 이 관점은 모델 자체를 부정하는 것이 아닙니다. 특정 모델을 비판하려는 것도 아닙니다. 빙의 모델을 좋아해서 그 속에 사는 사람들은 행복하게 살 수도 있습니다. 그런데 만약에 이 모델에만 갇혀 사는 것 때문에 고통이 발생한다면 고통을 해결할 방법을 제시할 수가 있는 거죠. 앞서 할머니와 시어머니 귀신의 예시에서는 빙의 모델을 이야기했지만, 항상 패배주의에 젖어서 사는 사람이 있다고 생각해보지요. "난 어차피 해도 안 돼."라든가 "세상은 가혹해서 나 같은 약자에게는 기회를 주지 않아."와 같은 모델 속에 갇혀 사는 사람이 있다면 그 모델이 세상의 전부가 아닐 수 있다는 것을 말이 아니라 체험적으로 제안할 수가 있다는 거죠. 왜냐하면, 나는 모델에 대한 큰 그림을 그리고 있기 때문에 하나의 모델이 진실이 아니라는 것을 알고 앞에서 이야기한 에릭소니언 스퀘어를 활용해서 그 사람의 세계 속으로 들어갈 수 있습니다. 그리고 필요한 부분을 파악해서 코드 수정을 할 수가 있다는 겁니다. 그래서 그 사람의 세계를 구성하는 모델, 다른 말로는 월드 모델이 돌아가고 있는 프로세스 자체가 변화하도록 할 수 있게 됩니다. 하나의 월드가 유지된 채로 거기서 일정 부분을 수정할 수도 있고 아예 월드를 갈아탈 수도 있습니다.

모델과의 라포르가 기적을 낳는다

에릭소니언 스퀘어의 하나로 라포르를 말씀드렸었죠. 보통 라포르라고 하면 사람과 사람 사이의 라포르를 떠올리지만 나와 모델 사이의 라포르도 존재합니다. 예를 들어 제가 단전호흡을 수련하는 모임에 나갔는데 도교를 베이스로 두고 있는 모델 체계와 친하지 않으면 왜 호흡을 해야 하는지, 호흡하는 것이 어떤 의미가 있고 어떤 맥락이 있는지에 대해서 쉽게 이해가 되지 않습니다. 이 상태에서 열심히 호흡만 하면 그 모델과 내가 라포르가 없으므로 모델에서 담보하는 현상이 일어나지 않습니다. 열심히 호흡하면 단전에 기가 모이고 뜨거운 것이 맺힌다고 했는데 경험이 일어나지 않습니다.

모델에 대한 이해가 부족하고 라포르가 얕기 때문에 그런 거죠. 예를 들어 기독교를 믿는 사람이 있는데 성경 공부도 안 하고 QT*도 안 하고 주일에도 안 나가고 싶으면 안 나가고 기도해야 할 때 늦잠자고 술 먹고 이런 식으로 크리스천 모델에 대해서 잘 몰라요. 다시 말하면 기독교와 라포르가 깊지 않아요. 그러면 은혜받는 경험을 하기 힘들다는 거예요. 당신은 사랑받기 위해 태어났습니다. 이런 말이 좋은 말인데 체험이 되지 않습니다. 반면 그 모델과 라포르가 깊은 사람들은 그걸 체험하거든요. 여기서 컨빈서가 중요해집니다. 작은 부분에서부터 하나씩 교리에 나온 것이 내 삶에 체험되기 시작하면 나중에 종교 지도자가 부흥회 같은 곳에서 아파서 제대로 서지도 못하는 사람에게 "일어나라!"라고

---

* Quiet Time의 첫글자를 줄인말로 하나님과 갖는 묵상의 시간

말하면 진짜 일어납니다. 컨빈서가 충분히 돌고 라포르가 깊어져서 그렇습니다. 하지만 라포르가 없는 사람은 같은 말을 들어도 "어떻게 일어나라는 것이지?"라는 의문만 떠오르게 됩니다.

제가 아는 분은 실제로 봤다고 합니다. 천주교의 유명한 신부님이 치유 은사를 갖고 있다고 하셔서 하반신 마비로 걷지 못하는 장애인이 찾아갔습니다. 신부님이 성경책으로 막 압박하고 성수를 뿌리면서 일어나라고 명령을 내리니까 "으아아!" 하면서 그분이 벌떡 일어났어요. 일어나서 뚜벅뚜벅 걸었어요. 다시 과거로 돌아가지 않고 계속 건강히 걷고 평생 그렇게 잘 살았대요. 제 지인이 그 모습을 목격한 거예요. 그런 경우에 "야, 역시 저 신부님이 은사가 있으셔."라든가 "천주교만이 바른 종교로구나!"라고 경험될 수도 있지만, 모델에 대한 모델의 관점으로 바라보게 되면 그 모델과 라포르가 깊었기 때문에 그런 현상을 경험할 수 있었음을 알 수 있습니다. 이렇게 보면 여러 가지 종교나 사상들, 문화들이 서로 싸울 필요가 없어요. 적절한 맥락, 적절한 모델을 통해서 그 세계를 경험하면 그 자체로 풍요로운 체험이 되는 거죠. 더 나아가 삶의 변화를 일으킬 수 있고요. 어떤 체계가 진실이고 그렇지 않은지 분별할 필요가 없어지고 상대방을 미워할 필요가 없어집니다.

THE MODEL OF MODELS

저의 경우에는 어릴 때 오컬트나 신비주의를 많이 좋아했습니다. 20대 초중반까지 관련된 그룹을 따라다니고 했었는데 그 과정에서 월드 모델의 교체를 여러 번 경험했어요. 동양적인 신비주의 전통에서 단을 형성하고 호흡을 하는 모델에 푹 빠져 지냈던 때도 있었고 서양 신비주의적인 카발라*Kabbalah, 매직**magick 이런 쪽에 푹 빠져서 지냈던 적도 있었고 에너지 힐링***Energy Healing에 빠져서

---

* 중세 유대교의 신비주의
** 마술을 의미하는 magic과 달리 magick은 서양전통의 마법이나 점과 같은 비학(秘學)을 의미
*** **에너지 힐링**: 대체의학의 하나로 인간의 몸에 흐르는 에너지에 접근하는 모델

지냈던 적도 있었습니다. 그런데 재밌는 것은 그때그때 모델에 제가 몰입해 들어가면 그 모델에서 예시한 현상이 일어나는 거예요. 모델에서 빠져나오면 안 일어나요. 모델과 모델 사이의 이론이 상호 충돌합니다. 서양 신비주의 카발라 모델이랑 동양의 단을 형성하는 모델이랑 호환이 안 돼요. 그런데 둘 다 결과를 내고 체험이 일어납니다. "그렇다면 뭐가 맞는 거지?" 이런 의문이 항상 있었습니다. 또는 모델들을 통합하려는 시도도 해보았어요. 그런데 이 모델에 대한 모델을 알고 나니까 신비적이고 옛날 것 같은 모델과 현대적인 모델도 하나의 모델이라는 것, 평등하다는 이해가 일어났습니다. 그리고 필요할 때 필요한 모델을 쓸 수 있는 유연성이 가장 중요함을 알게 되었습니다. 여기서 말하는 유연성은 모델 안에서 다른 선택을 할 수 있도록 하는 유연성도 포함되지만 여러 모델을 서로 옮겨 다닐 수 있는 그런 유연성을 말합니다.

이 책을 통틀어서 여러 예시와 반복으로 말씀드리는 모델들의 모델에 대한 이해가 없으면 선택권이 극히 제한됩니다.

왜냐하면, 저절로 만들어지는 현실감각 안에 푹 빠져서 살기 때문에 내가 사는 현실이 지각되지 않기 때문입니다. 다른 현실이 있을 수 있다는 것에 대한 가능성 자체가 아예 인지가 안 되는 거죠. 심리적인 문제를 겪고 있는 사람들은 막말로 후진 모델을 갖고 사는 것입니다. 너무 심하게 말했나요? 이렇게 고쳐보지요. 세상은 끊임없이 변하고 있습니다. 새로운 기술, 과학, 철학 다양한 가치들이 끊임없이 업데이트되고 있습니다. 고통을 겪는 사람들은 업데이트도 안 되고 호환성도 떨어지고 제한적인 정보처리를 할 수밖에 없는 모델을 가진 사람들입니다. 개인용 컴퓨터의 OS로 비유하자면 윈도우98 또는 윈도우95를 아직도 사용하고 있으면서 최신 프로그램을 새로 설치하거나 인터넷 쇼핑을 하려고 하면 호환성이 떨어져서 어려움이 많겠지요? 인간의 OS, 세상을 바라보는 모델을 수정, 패치, 업그레이드해주는 도구가 바로 에릭소니언 NLP입니다.

에릭소니언의 본질

밀턴 에릭슨이 "에릭소니언은 없다."라고 말한 이유는 에릭소니언이라는 하나의 틀로 자신의 방법론을 규정지을 수 없었기 때문입니다. 고정된 것으로 변화하는 것을 규정하는 것이 어려웠던 것이지요. 리처드 밴들러와 존 그린더, 두 명의 창시자가 NLP를 개발하게 된 계기는 "밀턴 에릭슨 같은 사람은 도대체 어떤 모델을 가지고 사는 것인가?"라는 호기심입니다. 규정할 수 없다면 밀턴 에릭슨이 가진 모델을 그대로 내게 복사해서 동일하게 사용할 수 있게 만들자는 계획이었습니다. 고정된 행동 패턴을 익히는 것이 아니라 밀턴 에릭슨의 가치관을 이해하고 에릭소니언이 아닌 나 자신의 방법론이 흘러나오는 효과를 기대했던 것입니다. 진정한 의미의 에릭소니언은 고정된 것이 아니라 에릭슨이 사용하는 모습과 내가 사용하는 모습이 다른 형태를 띠게 됩니다. 이것이 여러 모델을 자유롭게 이동하는 유연성을 지닌 에릭소니언의 본질입니다. 특정 상황에서 잘 작동하지 않는 모델이 있다면 그것을 수정하는 능력, 다양한 모델들을 상황과 맥락에 맞게 갈아탈 수 있는 능력 이 두 가지를 갖추면 경쟁하고 애쓰고 노력으로 성취하는 것이 아니라 저절로 변하는 삶이 가능합니다.

여기까지 말씀드린 내용이 가장 중요한 내용이라고 생각합니다. 과정 전체를 통틀어서 이 모델에 대해 바라보는 관점이 세워지지 않으면 NLP 책을 백날 읽어봐도 이걸 왜 하는 건지 이해가 안 가거든요. 설명의 용이성을 돕기 위해서 제가 겪어보고 흥미가 있을 수 있는 요소들을 가지고 설명해 드렸습니다.

많은 사람이
감정의 감옥에
갇혀 살아간다.

그것을 알지 못한 채…

버지니어 새티어 Virginia Satir

질문과 답변

Q

자신의 이익에 따라 매번 말이 바뀌는 사람이 있습니다. 그 사람의 생각에 맞춰 주려면 그 사람이 하는 말에 무조건 동조해야만 하는 건가요?

A

상대방의 세계 속으로 들어가는 방법으로 페이싱^{Pacing}을 말합니다. 하지만 일반적으로 페이싱을 잘못 가르치고 있는 부분이 이런 것인데요. 페이싱은 상대방의 말에 조건 없는 동의를 해주는 것이 아닙니다. 상대방의 세계 속으로 들어갈 때 개입하는 층을 고를 수 있습니다. 사람의 언어에는 계층이 있습니다. 하나의 언어에도 다양한 맥락의 레벨이 존재하는데 이를 로버트 딜츠^{Robert Dilts}라는 사람이 잘 정리하였습니다.

뉴로 로지컬 레벨
Neuro-logical Levels

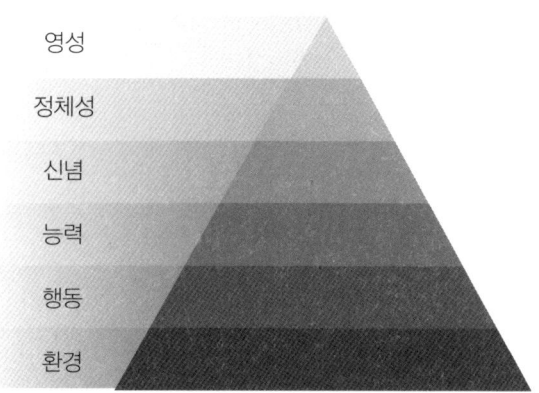

뉴로 로지컬 레벨^{Neuro-Logical Levels}이라고 부르는데요. 상위로 올라갈수록 더 포괄적인 영향력을 가집니다. 영성^{spirituality}은 정체성^{identity}, 신념^{beliefs}, 능력^{skills}, 행

동behaviour, 환경environment에 지대한 영향을 미치고요. 정체성은 영성에는 영향을 미치지 못하지만, 신념, 능력, 행동, 환경에는 지대한 영향을 미칩니다. 이런 식으로 아래로 갈수록 영향력이 적어요. 물론 아래쪽도 위쪽에 영향을 미치기는 하지만 기본적으로 상위 영역이 더 높은 밀도와 지배력을 갖고 있습니다.

무조건 자기 이익만 챙기려고 하는 사람의 경우에 단순히 그 사람의 언어를 반복하거나 무조건 동의하는 것은 행동 레벨에서 이루어지는 작업입니다. 하지만 만약 내가 그 사람의 신념 레벨을 볼 수 있다면 그 사람이 가진 근원적인 욕구에 접촉할 수 있습니다. 예를 들면 자신의 이익에 따라 계속 말을 바꾼다면 손해에 대한 두려움이 매우 커서 그럴 수 있거든요. 그 뿌리에 있는 두려움을 드러내고 그 경험에 대해서 내가 접촉하는 말이나 이해와 공감을 하는 태도를 보이게 되면 행동 레벨에서의 동의가 아니라 신념 레벨에서의 동조가 일어나게 됩니다.

객관적인 태도나 분석적인 사고가 아닙니다. 상대방의 신체적 리듬, 정서적인 주파수가 동조되어서 같이 느끼는 것입니다. 그러면 이 사람은 "내가 늘 고집부리고 내 욕심만 차리려고 했을 때, 늘 다투거나 싸워서 이기거나 뺏기거나 하는데 나한테 이렇게 해주는 건 네가 처음이야!" 이렇게 경험됩니다. (웃음) 라포르가 깊어지는 거죠. NLP를 비판하는 사람들은 이렇게 이야기를 해요. "라포르를 형성하기 위한 스킬들은 내 세계를 버리고 그 사람의 세계 속으로 들어가기 때문에 종속되어버리는 것이다. 그건 약한 사람이 하는 패턴이다." 하지만 이는 오직 행동 레벨에서 동의하지 않는 말에 대해 억지로 마음을 굽히고 동의하는 언어와 행동을 하는 상황에 해당됩니다. NLP를 잘못 이해해서 생기는 오류들이죠. 실제로는 그렇지 않습니다. 모델에 대한 모델, 메타 모델을 경험으로 이해하게 되면 스스로에 대한 강하고 유연한 중심이 생깁니다. 사탕같이 달콤한 말만 하는 것이 아니라 칼로 후비는 듯한 날카로운 통찰로 사실을 드러내기도 합니다. 하지만 그것이 나를 비난하는 것이 아님을 알기에 오히려 라포르가 더 깊어집니다. 크리티컬한 페이싱이란 바로 이런 것입니다. 스스로에 대한 든든한 자신감이 없으면 감히 타인의 세계에 들어갈 수가 없어요. 특별히 강한 사람만이 할 수 있는 것입니다.

타인의 세계에 공명하고 경험하는 능력 없이 분석하고 판단만 하면서 언어나 비언어적 도구를 사용하여 조종할 수 있다고 주장하는 사람은 대개 약한 사람입니다. 그리고 그런 유혹적인 말로써 또 다른 약한 사람을 낚는 것입니다. 앞으로 진행하는 강의를 통해 스스로에 대한 라포르가 깊어지고 모델을 바라보는 능력이 깊어지면 이런 사람을 구분하고 이해할 수 있는 통찰이 생기게 될 것입니다.

07

최면 해제의 법칙

마치 해커처럼 상대방의 모델에 접속하게 되지만,
안에 들어가서 만날 때는 정말 뜨거운 접촉이 있거든요.
냉철하게 분석적으로 바라보는 머리를 쓰지만,
가슴도 같이 따뜻하게 열고 쓸 수 있다는 거죠.
저는 이 두 부분이 양립 불가능한 줄 알았는데
얼마든지 가능하다는 사실을 깨달았습니다.

월드 모델링

　　　　　　　세상은 고정되어 있지 않습니다. 이런 고정되지 않은 세상을 모델이라는 고정된 시각으로 바라볼 때 항상 문제가 생깁니다. 다시 말씀드리면 모델이 나쁜 것이 아닙니다. 모델은 유용하게 사용할 수 있는 도구입니다. 하지만 하나의 모델에 고정됨이 문제를 일으키는 것입니다. 망치는 못을 박을 때 아주 유용하게 사용됩니다. 하지만 밥을 먹을 때 망치를 쓸 수는 없잖아요? 그러므로 모델을 바라보는 모델은 현재 진행형일 수밖에 없습니다. 그래서 이를 월드 모델링World Modeling이라고 합니다.

월드 모델링은 하나의 고정된 모델이 아니라 진행되는 과정입니다. 앞서 이야기한 리그레션, 전생 모델, 파트 테라피, 빙의 모델, UFO 납치 트라우마 모델 등은 모델 자체는 고정적이고 하나의 체계를 갖추고 있지만, 개인이 그 모델을 경험할 때는 계속 현재 진행형으로 이뤄져요. 딱 고정된 상태에 머무르지 않습니다. 그래서 항상 내가 경험하고 있는 세계는 실시간으로 생성과 소멸을 반복하게 됩니다.

조금 어렵나요? 괜찮습니다. 완전히 이해되지 않아도 좋습니다. 이해되는 것보다 경험되는 것이 언제나 더 중요합니다. 이 장에서 무엇보다 알아야 할 것은 사람이 살아가면 자연스럽게 월드 모델링이 이루어지게 된다는 것입니다. 그리고 모델링이 반복적으로 생성 소멸하는 원리는 컨빈서의 반복에 의해서 이루어진다는 것입니다. 어떤 하나의 현상 또는 체험이 일어납니다. 최면에서 눈이 감긴 채 떠지지 않는 체험이 일어나거나 하나님에 대한 믿음이 부족하다는 말을 들었을 때 어떤 환경적, 정서적, 신체적인 체험이 일어나서 '믿음의 부족이 불행으로 이어진다'는 사실로 연결되어 버렸을 때 컨빈서가 만들어집니다. 그런 컨빈서의 작용 때문에 모델이 계속 생성되어 흘러가는 과정이 일어난다는 것입니다.

NLP 재정의

NLP는 바로 이 모델의 생성과 소멸 그리고 환경과 맥락에 맞지 않는 고착의 과정에 개입하는 도구입니다. 그 과정에서 중요한 요소인 컨빈서를 내가 이해하고 통제할 수 있게 되는 것입니다. 신경계는 생리적인 측면과 심리적인 측면에서 루틴이 만들어지는 과정입니다. 우리가 인간의 신경계를 가지고 있으므로 세상의 색상과 형태를 지금 내가 바라보는 그 모습으로 인지하게 됩니다. 이것이 생리적인 모델링 작업입니다. 그리고 이 모델링은 실시간으로 계속 일어납니다. 죽기 직전까지 멈추지 않고 반복됩니다. 날씨가 더워지면 땀이 나서 몸을 식히고 추워지면 모공이 수축하는 것은 환경의 변화에 맞춰 내 몸의 생리기전이 변화하는 것이지요. 실제 지금 이 시간과 공간이라는 물리적 좌표에서 무슨 일이 벌어지고 있는지 진정으로 알 수는 없어요. 같은 온도의 환경이라도 인간과 북극곰은 다른 생리적 반응을 보이고 다른 색상과 형태를 봅니다. 인간이라는 생리적 시스템이 모델링 해서 경험이 이루어지고 있는 것이죠. 모델링의 결과입니다. 인간은 이 생리적 정보처리를 오감으로 시뮬레이션하고 있습니다. 이 생리적인 시뮬레이션이 바로 NLP의 첫 글자인 Neuro입니다.

이 생리적 시뮬레이션을 바탕에 두고 심리적으로 의미를 파악하게 됩니다. 이것이 심리적인 모델링 작업입니다. 인간은 자연 생태계에서의 변화뿐 아니라 문화적이고 사회적인 환경의 다양한 맥락에서 쾌락과 고통을 경험합니다. 친구와는 싸우지 말아야 하고, 선생님 말씀을 잘 들어야 하고, 학교를 땡땡이쳤다가 부모님께 혼나서 울고, 이런 현상들이 벌어지면 여러 가지 좋고 나쁨의 감정이 이어지고 이를 처리하는 프로세스로 인간은 언어를 사용합니다. 이것이 NLP에서 Linguistic의 의미입니다.

생리적 모델링과 심리적 모델링, Neuro와 Linguistic이 상호 영향을 주고받으며 변화하는 과정에서 어떤 접점이 만들어집니다. 내가 사람들에게 친절하게 대해주면 난 칭찬을 받습니다. 칭찬을 받으니 나 자신이 수용 받는 기분이 들고 힘이 납니다. 그렇게 남들을 돕는 봉사자의 자아가 만들어집니다. 이런 과정이 무수히 반복되어 루틴이 생깁니다. 이를 NLP에서 Programming이라고 표현한 것입니다. 내가 막 나댔더니 얻어맞고 왕따를 당합니다. 이제부터는 눈에 띄지 않게 조용히 살아야겠다는 생리적이고 심리적인 반응이 컨빈서에 의해서 돌아가고 습관이 됩니다. 그런 나의 눈에는 나대다가 왕따를 당하는 모습들이 지속해서 눈에 보입니다. 그것에 대한 의심 없이 반복적으로 습관화된 모델 안에서 살아갑니다. 모델링 안에서 살아가는 것은 인간이 멈출 수 있는 것이 아닙니다. 이미 늘 일어나고 있는 현상입니다. 우리는 오로지 이를 허용하고 이용할 수 있을 뿐입니다.

뉴로 로지컬 레벨에서 영성의 의미

월드 모델링은 생명 자체가 가진 속성이고 늘 일어나고 있는 현상이기 때문에 이것을 벗어나서는 무언가를 유추할 수 없고 경험할 수 없습니다. 세상의 모든 것이 네트워크로 연결되어 자발적으로 계속 생성하고 소멸하는 그 전체. 일심이라고 말하기도 하고 기독교에서는 신이라고 부르기도 하는 그것이 바로 월드 모델링입니다. 그래서 이 월드 모델링은 굉장히 미스터리 한 것입니다. 우리가 돈을 지불한 것도 아니고 노력으로 만들어낸 것도 아닌데 이 무수한 경험들이 계속 생성되고 있잖아요. 살아있음이 경험되잖아요? 굉장히 미지의 영역이죠. 그런데 미지의 영역에서 일어나고 있는 현상들을 도대체 왜 일어나는지 의문을 갖고 최면가의 시선으로 살펴보았더니 컨빈서라는 것이 작동해서 월드 모델링을 촉진한다는 깨달음을 얻게 된 것이죠. 그리고 이 컨빈서를 잘 조절하는 기법이 에릭소니언 NLP입니다.

이해를 돕기 위해 다시 한번 말씀드리겠습니다. 생리적, 심리적인 시뮬레이션이 계속 일어나게 되고 그 과정으로 만들어진 루틴들이 하나의 모델입니다. 그 모델은 결국은 큰 그림 안에서는 월드 모델링에 포함되는 개념입니다. NLP는 컨빈서를 타고 월드 모델링에 개입하는 기법입니다. 최면에 기반을 둔 다양한 도구들을 가지고 있습니다. 이 개입하는 과정을 해킹으로 표현하는 사람들도 있는데 해킹을 한다는 표현이 가진 각박함이 있어요. 마치 자기 자신은 이러한 거대한 흐름 바깥에 나와 있는 존재인 것 같이 느껴지는 묘한 뉘앙스가 있습니다.

제가 예전에 이 느낌에 도취되어 좀 시건방졌던 적이 있거든요. 그런데 그런 관점을 가지고 있는 저의 체험이나 인식조차도 모델에서 벗어날 수가 없고 모델에 의지해서만 일어날 수 있다는 사실을 잊어버리게 되는 거예요. 그래서 경험을 하면 할수록 월드 모델링이라는 것 자체는 미지의 영역이라는 것을 거듭 확인하게 되고요. 로버트 딜츠 Robert Dilts의 뉴로 로지컬 레벨 Neuro_Logical Levels에서 맨 위에 위치한 영성 spirituality, 다른 NLP에서는 영성에 대해서 거의 언급이 안 되거나 추상적인 말로만 두루뭉술하게 설명하고 있는데요. 이 영성이라는 것은 월드 모델링을 체험할 때 저절로 알아지게 됩니다. 개인적으로는 이 영성의 의미를 이해하고 가르칠 수 있는 단계가 아니면 NLP 트레이너를 할 수 없다고 봅니다. 영성이라는 것을 막연하게 착하게 사는 것, 고요하고 청정한 삶, 홀로 깨달은 듯한 느낌, 이 세상 너머의 것 등으로 생각하거나 이해한다면 이는 월드 모델링과 영성의 의미를 제대로 이해하고 경험하지 못해서 그렇습니다.

월드 모델링을 이해하고 사람들이 삶을 인식하고 영위하는 것이 모델에 의지해서 이루어지는 현상임을 이해하면서 나 자신도 그 모델로부터 벗어난 존재가 아니라 월드 모델링의 일부로서 포함된 존재임을 확인하는 것이 필요합니다. 그래야만 단단한 지지기반을 가지고 다른 사람의 마음이라는 모델, 그 세계를 주저 없이 경험할 수 있게 되는 것이지요. 다른 사람과 접촉하고 가슴으로 교류할 힘을 갖게 됩니다.

제가 예전에 마인드 해킹이나 심리 조작 모델을 가지고 열심히 강의도 하고 작업도 많이 했었지만, 항상 그 부분이 부족했었습니다. 인간 대 인간으로 접촉되는 그런 체험들, 그런 부분에 대해서 항상 무언가 채워지지 않는 것이 있었거든요. 진짜 통했다. 이 사람을 정말 알겠다. 이 사람이 나에게 의지하고 나도 이 사람을 지지하고 있구나. 약간 오글거리는 표현을 하자면 사람 사이에 정말 사랑이라는 것이 흐르는구나. 그런 체험을 하고 난 다음에는 진정으로 사람을 변화시키는 것은 해킹이 아니라는 것을 알았습니다. 해킹이라는 관점은 기만적이고 아까 말씀드린 것처럼 나는 그 틀 밖에 나와서 위에서 내려다보는 듯이 바라보게 되니까 관계가 삐걱거리는 일들이 자꾸 생기게 됩니다. 에릭소니언 NLP를 하면서 저는 비로소 해킹의 마인드 모델과 마음을 존중하는 모델, 이 두 가지가 화합되는 경험을 하였습니다. 마치 해커처럼 상대방의 모델에 접속하게 되지만 안에 들어가서 만날 때는 정말 뜨거운 접촉이 있거든요. 냉철하게 분석적으로 바라보는 머리를 쓰지만, 가슴도 같이 따뜻하게 열고 쓸 수 있다는 거죠. 저는 이 두 부분이 양립 불가능한 줄 알았는데 얼마든지 가능하다는 사실을 깨달았습니다.

최면 해제 사례 분석

이번 장에서는 앞에서 설명한 월드 모델링이나 모델에 대한 개념을 이해하기 쉽도록 실제 사례를 통해 풀어보도록 하겠습니다. 많은 분이 다른 사람의 세계에 들어간다는 것을 억지로 맞춰주는 것으로 오해합니다. 내 세계를 일방적으로 포기해야 하는 것으로 이해하고 어려워하거나 NLP에 대해서 비판하기도 합니다. 그런 부분까지 포괄적으로 풀어질 수 있는 사례가 될 것 같습니다.

제가 하는 강의 중에서 힐링 코드Healing Code라는 강의가 있습니다. 대체 의학 중 에너지 심리학energy psychology이라는 분야가 있습니다. 심리적인 에너지가 몸과 연동이 되어 있다는 전제 아래 소통을 시키는 방법입니다. EFTEmotional Freedom Technique*와도 유사한 맥락의 기법입니다만 경락이 아닌 다른 포인트를 활성화해서 심리적인 변화를 꾀하는 도구입니다. 잘 모르시는 분들이 보면 신비주의적으로 느껴집니다. 하지

---

* Gary Craig가 만든 경락을 두들겨 감정을 해소하는 기법

만 실제로는 아주 단순한 논리 체계를 갖고 있고 가볍게 사용할 수 있는 좋은 치유 도구거든요. 저는 그 수업을 하면서 지금 여러분들에게 말씀드린 것처럼 "세상에는 여러 모델이 있다. 그리고 힐링 코드는 인간의 경험을 변화시키고 제어할 수 있는 도구 중에 에너지 심리학 모델이 반영된 기법이다. 빙의 모델이 있다고 해서 진짜 귀신이 존재한다는 증거가 아닌 것처럼 에너지 심리학 모델도 여러 모델 중의 하나의 버전이다. 그래서 이 모델에 따라서 행동했을 때 경험하게 되는 증거들이 있다. 이를 충분히 인지한 채로 힐링 코드를 써보면 좋겠다." 이렇게 진행을 했었습니다. 그런데 문제가 발생했어요.

강의를 수강하는 분 중에 한 분이 50대 초반의 남성분이었어요. 그분 말고 나머지 분들은 20대 중후반 정도의 여성분들이었습니다. 그런데 그 남자분의 직업이 퇴마사였습니다. 다우징**으로 묫자리 찾고 부적이나 굿을 써서 귀신도 쫓는 그런 분이셨습니다. 그 강의에서도 모델링을 설명하며 퇴

** 엘(L)자 모양의 막대나 추를 사용하여 수맥이나 물건을 찾는 행위

마라는 모델을 채택하면 그 세계관 속에서 일어날 법한 일들을 체험하게 되고 변화를 일으키는 것도 가능하다는 말씀을 드렸었습니다. 그리고 지금 우리는 어떤 모델 하나에 관해서 이야기를 하는 것이 아니라 여러 모델을 자유롭게 넘나들 수 있는 유연한 모델을 채택했을 때 더 효과를 볼 수 있다는 이야기를 드렸지만, 그분께서는 조금 다르게 받아들이셨습니다.

"제가 하는 것과 선생님이 하시는 게 똑같네요!"라고 말씀하시며 힐링 코드라는 것이 자신이 하는 퇴마업이랑 똑같다는 이야기를 하셨습니다. 그러면서 계속 힐링 코드가 마음을 다루는 것과 조상신과 못자리의 관계를 연결 지어 열변을 토하시니 옆에 앉아 계시던 여자분의 안색이 점점 안 좋아졌습니다. 가까이 앉아 있던 분들도 자리를 조심스레 옮기시고 분위기가 냉각되는 것이 느껴졌지요. "이게 아닌데, 나는 지금 모델에 대한 모델을 이야기하려는 것인데, 이분은 잘못 전달받으신 것 같은데…"이런 생각이 들었습니다. 여기서 만약에 행동 차원에서 상대방의 세계에 맞춰준답시고 "맞습니다. 똑같은 거예요."라고 할 수는 없잖아요? 그것은 제가 의도하는 바가 아니고 수업도 분위기가 잘못 흘러가게 되고 제가 전달하려고 했던 지식이 잘못 전달되는 상황이 되겠지요. 그래서 저는 최대한 예의 바르고 완곡하게 그것은 어떻게 다르고 이 모델과 그 모델은 서로 호환이 되는 부분이 있을 수 있지만 같은 것은 아니고 이런 이야기를 열심히 했어요. 그분이 이를 쭉 들으시더니 "그러니까 똑같구먼!" 계속 이렇게 나오시는 거예요. 미치겠는 거죠. 마음속으로 '힐링 코드와 같은 신비주의적인 요소를 갖춘 강의를 하니까 피곤하구나. 안 해야겠다. 진짜 화도 좀 나고 답답하고 하여간 오컬트 쪽과 관련된 것은 연을 끊어야지.' 이런 생각들이 끊임없이 떠오르고 있었습니다. 처음에는 약간 무서워하시던 옆의 분들이 나중에는 계속 지루한 이야기들이 똑같이 오고가니까 지겨워하기 시작했습니다.

그렇게 한 15분 정도 흘렀어요. 제가 계속 화가 난다는 사실을 누르면서 저보다 연배도 있으시고 뭐라고 할 수는 없으니까 좋게 말을 하고 있었는데 불일치가 있는 거죠. 이런 경힘들 많이 있으시죠? 말은 정중하고 예의 있지만, 속으로는 화를 꾹꾹 눌러 담으며 좋게 이해시키려고 하니까 진전이 전혀 없었습니다. 그래서 지금 저에게 경험되고 있는 것이 무엇인지에 주목했습니다. 화가 나고 있었는데 그렇다고 "환불해줄 테니 가버려."라고 할 수는 없잖아요. 그건 올바른 방법이 아니죠. 우선 화가 난다는 사실을 알았어요. 보통은 화가 나는 건 방해가 되고 좋지 않으니까 화를 내지 않겠다는 루틴을 저절로 따르게 마련입니다. 화를 판단해버리는 것입니다. 또 "내가 이런 것 가지고 화를 참지 못하다니." 라며 자책할 수도 있고 "저 인간 때문에 내가 화가 났어." 라고 남 탓을 할 수도 있지요. 그런데 화를 즉각 치워버리는 자극 행동 반응의 루틴을 그대로 따라가는 게 아니라 화가 나 있다는 사실을 긍정하는 거예요. 화가 나 있다는 사실을 그냥 긍정하고 화가 났다는 것을 받아들이고 나니까 지금까지와는 다른 일이 벌어졌습니다.

화라는 존재가 마치 사람인 것처럼 비유적으로 표현하겠습니다. 화는 필요해서 등장했습니다. 그런데 화가 필요하다는 것을, 화가 할 일이 있어서 왔다는 사실을 인정해주지 않고 그저 얘가 난폭하게 생겼다는 이유로 문 걸어 잠그고 이야기를 들어주지 않아요. 그럼 화는 계속 밖에서 문을 두드려요. 할 말이 있어서 왔다고 이 문 좀 열어보라고 노크합니다. 살짝 내다봤더니 험상궂게 생겼어요. 그럼 문도 안 열어주고 벨을 눌러도 없는 척하고 그러면 화는 더 화가 나거든요. 화가 더 화가 나서 난동을 부리니까 "역시나 이럴 줄 알았어." 이렇게 되는 거예요. 역시 화는 나쁜 것이라고 학습하게 됩니다. 그런데 화에 대해서 화가 좋건 나쁘건 화가 있으니까 화가 있는 걸 경험해보기로 하고 문을 열고 화가 경험되게 했더니 몸이 후끈하더라고요.

재밌는 건 뭐냐면 일단 이렇게 받아들이고 접촉하게 되면요. 화는 필요해서 왔다고 했잖아요? 어떤 필요 때문에 나왔는지가 인지돼요. 감정 영역에서 그것이 수용되면 인지 영역으로 앎이 출현합니다. 지금 매우 서운하다는 사실이 알아졌습니다. 수동형으로 표현했는데요. 정말 내게 앎이 찾아오는 느낌입니다. "내가 이렇게 훌륭한 모델에 대한 모델을 전달하기 위해서 애써 설명했는데 이분은 국소적이고 흡사한 모델과 이것을 똑같다고 자꾸 우기시니까 나는 서운하다. 왜 진가를 몰라주지? 다른 분들이 다 이 진가를 오해하면 어떻게 하지?"라는 서운함과 불안함이 있었습니다. 이렇게 서운함과 불안함이 드러났을 때 보통의 경우 이 감정도 좋지 않다고 판단되기 때문에 빨리 벗어나려고 합니다. "이런 거 가지고 서운해할 필요 없는데." 이런 말들 많이 하잖아요. 있는 감정을 합리적으로 덮어버리려고 하게 됩니다. 하지만 이때 이를 피하거나 억누르지 않고 서운함을 그냥 허락했습니다. 그러자 가슴에 답답하고 눌리던 느낌이 싹 퍼지는 기분이 들면서 슬픔이 느껴졌습니다.

이걸 느끼면서 제 맞은편에서 대화를 나누셨던 그분과 눈이 마주쳤는데 그분의 마음이 고스란히 이해가 되었습니다. 퇴마사님이 일반적으로 자기 하는 일에 관해서 이야기했을 때 인정받아본 경험이 많지 않았다는 느낌이 들었습니다. 그리고 지금 이 자리에서 저의 이야기를 듣고는 자기를 알아주리라는 기대를 하셨다는 것을 알았습니다. 퇴마라는 모델 안에서 컨빈서 연쇄를 통해 깊어진 확신으로 20년 동안 안 팔리는 집이 팔리고 다투던 한 가정의 식구들이 화해하는 그런 일들을 경험하셨는데 그런 것들이 다른 사람에게 이해되는 경험을 원하고 계셨습니다. 자기가 하는 일이 인정받고 참 좋은 일을 하고 있다는 확인을 받고 싶으셨다는 이해가 제게 떠올랐습니다. 제 마음과 똑같은 마음이었던 것이지요. 그래서 모델링이니 하는 설명은 다 접고 "선생님이 말씀하신 것처럼 그렇게 오래된 고통이 말씀하신 방법으로 해결되고 가족들이 화목을 되찾고 하는 결과를 만드셨다니 참 훌륭하고 멋진 일을 하고 있으신 것 같습니다." 이렇게 이야기를 하니 갑자기 그분의 분위기가 바뀌면서 긴장 상태가 싹 풀리고 볼에 홍조가 올라오시는 거예요. 그러고는 헛기침을 하시더니 "선생님도 훌륭하십니다." 이렇게 덕담으로 끝났습니다. 논리적인 층위에서 싸우고 맞춰주고 이것이 중요한 게 아니었던 거예요. 마음이 전달되길 바랐던 것입니다. 알려지길 바랐던 거죠.

타인의 심리를 읽는 기본

제가 퇴마사님과 대화를 나누는 과정을 누군가 밖에서 카메라로 찍어놓고 분 단위, 초 단위로 대화가 오갔던 내용을 녹취하고 분석한다면 "강사가 퇴마사의 감정 중에서 인정 욕구를 페이싱해서 들어갔고 그 과정에서 백트래킹*Backtracking을 사용하고 미러링**mirroring을 구사해서 라포르를 형성했구나!" 이렇게 정리해서 설명할 수도 있을 것입니다. 하지만 실제로 일어나는 내적인 프로세스는 그런 순서가 아닙니다. 나의 모델 속에서 내가 경험하고 있는 현실 감각을 배제한 채로 다른 사람을 이해할 방법은 없습니다. 먼저 내가 지금 경험하고 있는 감정과 라포르가 형성되어서 이것을 내가 수용하고 경험할 수 있을 때 나와 연결된 다른 사람의 감정도 알 수 있습니다. 타인을 변화시키고 관계를 형성하는 방법에 있어서 기법이나 언어패턴을 사용하는 것보다 내가 나의 감정을 경험하는 방식이 우선

---

* 상대방의 언어를 그대로 되돌려주어 라포르를 형성하는 NLP 기법
** 상대방의 움직임을 그대로 흉내 내 라포르를 형성하는 NLP 기법

한다는 것입니다.

《NLP의 원리》라는 책이 있습니다. 가장 NLP에 대한 이론을 평범한 어투로 잘 설명해주고 있는 책입니다. 그 책에 이런 이야기가 나옵니다.

> '당신과의 의사소통이 제대로 이루어졌는지를 알려면 당신 자신이 보이는 반응을 보아야 한다.… (중략) …그것은 아마도 당신 자신의 신체가 보이는 반응 즉 느낌과 직관에 주의를 기울이라는 뜻일 것이다.' [***]

올바른 라포르 형성을 위해서는 타인과 라포르를 형성하기 이전에 자기 자신의 감정과 맺고 있는 라포르의 질이 굉장히 중요합니다. 이게 굉장히 중요한 문장이거든요. 그런데 NLP를 잘 모르는 사람들이 책을 보면 "그래, 나 자신과의 라포르가 중요하지. 나는 나 자신을 잘 아니까 충분할 거야." 이렇게 생각하는데 아니에요. 대개 자기가 경험하고 있는 감

[***] 《NLP의 원리》 58쪽 조셉 오코너, 이안 맥더모트 지음 | 설기문 옮김 | 학지사 | 2000년 01월 10일 출간

변화와 성취를 위한 심리 파워 프로그램

NLP의 원리

NEURO - LINGUISTIC PROGRAMMING

조셉 오코너·이안 맥더모트 지음
설기문 옮김

인생의 전략을 바꾸어 보다 새롭고 낙관적이며 창조적인 삶을 꾸린다.
부정적인 방향으로 묘사되는 성과를 설정한다는 것은 사지 않으려는 물건의 목록을
들고 쇼핑을 가는 것과 다름 없다. 우리가 임의로 상태를 선택하고
변화시킬 수 있다는 것은 NLP가 강조하는 가장 유용한 이점 중의 하나이다.
변화와 성취를 위한 새로운 기법인 NLP를 통해 삶은 달라질 수 있다.

학지사

조셉 오코너의 《NLP의 원리》

정들과 라포르 형성이 잘 안 되어 있습니다. 자기가 좋아하는 것은 휩쓸려서 들뜬 채로 경험하고 두렵고 낯설고 싫은 감정은 차단하거나 합리화해서 피하는 경우들이 많습니다. 나 자신과의 라포르가 깊지 않은 경우들이 대부분입니다.

다시 예시로 돌아가서 그 이후에 무슨 일이 벌어졌느냐면 퇴마사님과 제가 연결되었습니다. 누군가를 도왔을 때 내가 느꼈던 뿌듯함과 인정받고 싶음이 드러나 알려졌기 때문이지요. 그제야 제가 하는 이야기에 귀가 열립니다. 제가 제안하고 경험하는 세상을 퇴마사님이 체험하게 되었습니다. 그렇게 월드 모델링과 힐링 코드에 대한 강의를 잘 마칠 수 있었습니다. 옆에서 불편해하셨던 분들의 만족도 또한 올라갔지요. 당장 목이 말라서 물을 찾고 있는 사람에게 지금 이 물이 산성이냐 알칼리성이냐 해양심층수냐 이런 논쟁을 할 것이 아니라 일단 물을 떠서 마신 후에, 갈증이 충분히 해결된 후에야 건강한 물이 무엇인지 이야기를 할 수 있는 것입니다. 당장 가장 앞에서 자리를 차지하고 있는 마음이 만족하고 물러가지 않으면 아무리 모델에 관한 이야기가 훌륭하고 꼭 필요한 이야기라 하더라도 들리지 않는 것입니다. 그래서는 만날 수가 없습니다. 마음이 접촉되고 난 이후에야 얼마든지 그 사람의 세계 속으로 들어가서 나의 세계를 전달할 수 있게 됩니다. 나는 한발 물러서서 사람을 조종하는 사람이 아니라 따뜻한 연결감으로 다른 사람을 안내할 수 있게 됩니다.

최면 해제의 열쇠

라포르 이야기를 할 때 다른 사람과의 라포르를 밖을 향한다고 해서 '플러스 라포르'라고 하고 나 자신의 감정과의 라포르를 '마이너스 라포르'라고 합니다. 이 두 가지를 잘 이해하고 실천해야 하는데 NLP를 책으로 배우신 분들 그리고 심지어 NLP 트레이너 자격을 가진 분들도 라포르라고 하면 다른 사람에게 맞춰서 백트래킹을 해서 트랜스를 유도하고 원하는 암시를 집어넣는 발상밖에 못 하는 경우들이 대부분입니다. 위의 예시에서 볼 수 있듯

이 마이너스 라포르를 바탕으로 관계가 흘러갈 때 플러스 라포르까지 이어진다는 것을 알 수 있습니다. 그렇게 공명하고 연결고리가 생겨서 깊은 라포르를 형성한 결과는 단순히 조작적으로 접근하는 것과는 다른 결과를 가져옵니다. 제가 만약 이런 내적인 경험에 접촉하지 못했다면 그 사람과 접촉이 안 되었을 것이고 제가 했던 생각을 사실로 믿었을 거예요. "아, 역시 이런 쪽 강의는 하지 말자. 피곤한 사람들이 많이 온다. 말이 안 통한다. 답답해. 안 할 거야." 라는 생각을 사실로 믿고 그 아이디어에 따라서 자신만의 사실을 누적해 나갔겠죠. 신비주의나 오컬트를 좋아하는 사람을 만나도 제가 약간 경시하는 태도를 보이기 때문에 그런 사람들과는 더 잘 안 통하게 될 것이고 지속해서 부정적인 컨빈서가 돌아가면서 저의 리얼리티가 하나 굳어지겠죠. 그런데 바로 이 컨빈서가 돌아가는 것을 막을 수 있었던 요인은 접촉이었습니다. 그리고 더 쉽게 특정해서 이야기하면 감정에 열쇠가 있다는 겁니다. 느껴지는 감정을 존중하고 거기에 관심을 기울였을 때 막강하게 돌아가서 하나의 세계 속에 가둬버릴 것만 같은 이런 컨빈서 연쇄작용을 일각에 무력화시킬 수 있습니다.

지금 내 감정이 어떤지를 점검하는 게 가장 좋아요. 정신분석에서도 가장 중요한 자료로 삼는 것 중 하나가 분석가 자신의 감정입니다. 분석가들이 분석할 때 환자에 대한 분석만 자료로 삼지 않습니다. 풀 스펙트럼 자료를 취하려면 환자와의 관계에서 내가 어떤 기분이 들고 어떤 연상이 드는지까지 포함해야만 바른 분석 작업이 될 수가 있거든요. 그런 것처럼 방금 제가 말씀드린 게 치료사례는 아니지만, 사람과 사람 간의 갈등이나 커뮤니케이션 오류가 있을 때 그걸 풀어내기 위한 근거 자료나 원동력이 되는 자원은 나의 감정까지 포함해야 한다는 거죠. 엄밀하게 말하면 관계라는 것은 나의 감정과 상대방의 감정이 분리된 것이 아닙니다. 나와 상대방이 만나서 함께 만들어진 감정입니다. 서로 다른 듯 보이는 두 감정이라도 하나의 마음이 각각의 사람이 가진 프로그램을 통과하면서 다르게 표현되는 것뿐입니다. 그 뿌리를 드러내 보면 같은 마음에 업을 공유하고 있음을 확인할 수 있습니다. 그렇게 감정은 관계의 역동에서 공동작업으로 만들어지는 것이기 때문에 나에게 있는 것을 확인할 때 더 빨리 수월하고 정확하게 작업이 이루어질 수 있습니다. 그러니까 자기에 대한 인식, 나에게 일어나는 경험에 대한 수용, 이게 바탕이 되지 않은 채로 NLP를 배우고 기법을 사용하게 되면 사람을 분석과 관찰의 대상으로 바라보고 개입하기 때문에 효과가 작고 효율성이 떨어지는 결과를 낳게 됩니다.

컨빈서의 반복이 최면을 일으키고 강화하는 원리라면 최면을 해제하는 원리는 바로 마음에 대한 접촉에 있습니다. 최면이 해제되는 원리는 이론적이고 조작적인 모델을 사용해서 하는 것이 아니라 감정이 직접 맞닿아 체험됐을 때 비로소 풀릴 수가 있습니다. 직접 내게 정서적인 경험으로 와닿지 않으면 그 세계 밖으로 나가는 건 어렵습니다. 또 다른 사람의 세계를 바꾸기도 어렵고요. 앞서 칼 로저스 Carl Rogers 의 책을 소개해드렸습니다. 칼 로저스가 치료에 있어서 혹은 사람이 변화하는 데 있어서 가장 중요한 요소로 강조하는 것이 공감이었습니다. 로저스가 초창기에 공감을 정의하기를 "상대방이 느끼는 것과 유사하게 느끼는 것 혹은 흡사

칼 로저스의 《사람 중심 상담》*

분석적 사고로는 마음에 접촉할 수 없다.
상대방의 마음에 공명할 때 변화는 저절로 일어난다.

*칼 로저스 지음 | 오제은 옮김 | 학지사 | 2007년 09월 14일 출간

하게 느낄 수 있으면 공감이다." 이렇게 이야기했습니다. 그런데 후반에 접어들어 마지막에는 이렇게 수정했습니다. "공감은 상대방과 비슷하게 느끼는 것이 아니라 똑같이 느끼는 것이다." 그러고 났더니 더 인기가 없어졌습니다. (웃음) 로저스가 논란을 많이 몰고 다녔어요. 정신분석*psychoanalysis적 접근이나 행동주의**behaviorism적 접근이 대세를 이루던 시기에 인간 중심***client_centered approach적 접근이라고 해서 그 사람이 느끼는 정서를 공감하고 지지하고 수용하는 접근을 지속해온 사람이었기 때문에 매우 많은 마찰이 생겼습니다. 상대방이 느끼는 것과 동일하게 느끼면서 경청하고 공감하는 것을 마치 아이를 달래듯이 "아이고, 많이 힘드셨어요?", "얼마나 많이 힘들었을까. 아유, 그럼 그렇죠. 화가 나지." 이런 식으로 맞장구 쳐주고 좋은 말을 해주는 것으로 오해했습니다. 그저 친절한 사람이 되는 것을 인간 중심 상담의 전부인 양 이해하고 비판했습니다. 그래서 로저스가 그게 아니라고

---

* 프로이트에 의해 창시된 심리학적 이론체계
** 자극과 반응의 연쇄에 의해 행동을 설명하는 심리학 이론으로 의식심리학의 비과학성을 비난하였다.
*** 칼 로저스가 창시한 치료방법으로 기존의 명령적인 방법이 아니라 공감과 지지를 통한 비지시적 방법론을 주장하였다.

말하면서 싸웠거든요. 그게 아니라 내가 말하는 치료의 요인은 똑같이 느끼는 것이다. 비슷하게 느낀다고 생각하면서 달래는 그런 것이 아니다. 이렇게 주장하니 사람들은 그건 불가능하다고 여기면서 관심을 끊어버렸습니다. 사실 칼 로저스가 이야기한 공감 또는 공명이 진짜 중요하거든요. 이게 NLP와 어떻게 접점이 있는가를 지금 지속해서 강조하고 있습니다. 해커의 관점에서 차갑게 분석적으로 바라본 후에 그 분석된 것을 바탕으로 행동으로 옮길 때는 뜨겁게 들어가야 합니다. 펄펄 뛰는 감정을 느끼면서 공명해야 합니다.

NLP에서는 이런 부분을 분석적으로 구조화하여 설명하고 있습니다. 앞서 소개해드렸던 그레고리 베이트슨 Gregory Bateson의 연구 결과에서 따온 건데요. 바로 일차적, 이차적, 삼차적 입장이라는 것입니다. 일차적 입장은 내 세계에 몰입해 있는 것입니다. 이차적 입장은 상대의 세계에 몰입해 있는 것입니다. 삼차적 입장은 제삼자가 되어 관찰자의 입장에 몰입해 있는 것이지요. 그래서 이 세 가지 입장을 유연하게 변경할 수 있어야 잘 기능할 수 있고 원만하게 살아갈 수 있다고 이야기를 합니다. 하나의 입장에 몰입해 들어가는 것을 어소시에이션association이라고 하구요. 몰입되어 있는 입장에서 빠져나오는 것을 디소시에이션dissociation이라고 합니다. 이 두 가지 요소가 다 갖춰져야 온전하게 기능할 수가 있습니다. 어소시에이션과 디소시에이션을 통해서, 다른 말로는 연합과 분리를 통해서 일, 이, 삼차적 입장을 자유롭게 오고갈 수 있을 때 유연한 삶을 살 수 있는 것입니다.

해킹이라는 관점이나 메타 인지*metacognition를 통해 내가 속해 있는 모델을 확인하는 것은 일차적 입장으로부터 분리되어 삼차적 입장이 되는 디소시에이션 기법이라고 할 수 있습니다. 반대로 일차적 입장이나 이차적 입장에 푹 잠겨서 경험하는 것은 어소시에이션 기법입니다. 조금 전에 말씀드렸던 맥락에서 칼 로저스가 말한 똑같은 감정을 느끼고 공명함으로써 변화하는 접근 방법은 어소시에이션의 활용에 해당한다고 할 수 있습니다. 명상을 가르칠 때, 생각을 다 지우고 고요한 상태로 푹 몰입해 들어가는 것을 연습하는 경

---

* 자신을 객관적으로 바라보는 능력

우도 있어요. 그런 경우에는 어소시에이션을 하고 있다고 할 수 있습니다. 비슷한 명상이지만 반대로 현재에 일어나는 것들을 관찰하면서 바라보는 방법도 있습니다. 마음 챙김 명상mindfulness meditation이 그런 것에 속하죠. 일어나는 현상들을 다 바라보면서 그것들에 동일시되지 않고 바라보는 입장을 길러내는 그런 경우는 디소시에이션을 하고 있다고 이야기할 수 있겠죠.

좋은 삶은
어떤 상태가 아니라
과정이다.

목적지가 아니라
방향이다.

칼 로저스 Carl Rogers

08

멘탈리스트가 되자

에릭소니언으로 돌아가 마음에 접촉이 경험되자
기법과 이론에 대한 결핍이 사라졌습니다.
삶에서 만나는 모든 관계와 감정이,
무의식과 하위 자아들이
뜨겁게 생동하는 마음의 작동 원리를
제게 알려주기 때문입니다.
더는 기법과 기술에 얽매이지 않고
'나'라는 존재로부터 자연스럽게 흘러나오는
무정형의 통찰이 함께하기를 기원합니다.

무의식의 억압은 전달된다

지금까지 최면과 세뇌의 원리와 그 현상을 일으키는 컨빈서와 모델링에 관해 이야기하였습니다. 그리고 이 컨빈서를 부수는 열쇠로 감정이 얼마나 중요한지 어떻게 경험해야 하는지 그 작동원리와 예시를 말씀드렸습니다. 컨빈서의 연쇄작용과 최면적 리얼리티로부터 빠져나오는 것은 어떻게 가능한가? 그것의 출발점은 내게 느껴지는 감정들을 확인하고 그것에 몰입하는 것이 시작이라는 것입니다. 나의 감정이 가장 강력한 자원입니다. 나의 감정은 독립적으로 발생하지 않습니다. 만약에 대화를 나누고 있는 두 사람이 존재하고 어떤 감정이 올라온다면 그 감정은 나와 너 각각이 홀로 떨어져 만들어진 것이 아닙니다. 개인과 개인이 서로 연결되어서 상호작용하며 만들어지는 감정입니다. 그러므로 이 경험은 두 사람이 합작해서 만들어낸 공유하고 있는 경험입니다. 단순히 나와 너의 일로 구분되는 것이 아니라는 것이지요. 그래서 나의 미세한 감정에 민감해지면 다른 사람의 감정도 쉽게 알아챌 수 있는 능력을 갖출 수 있는 것입니다.

이해가 되죠? 그런데 보통은 우리가 함께 경험을 만들어내고 있다는 것에 대한 인식이 없습니다. 내게 느껴지는 감정은 배제되고 내 생각과 다른 상대방의 행동이나 언어의 약점과 오류 같은 것에 집착해서 공격하거나 가르치려고 하면서 변화하기를 바라면 어그러지는 거죠. 항상 상호적으로 내가 하는 경험과 상대방이 하는 경험은 우리가 공동창조하고 있는 경험이라는 사실을 알면 매우 많은 것이 수월해집니다. 그러면 "쟤는 도대체 무슨 생각을 하면서 사는 건지 모르겠어."라고 생각되는 사람과도 라포르를 형성할 수 있습니다. 그 사람의 말과 의견에 동조하는 것이 아니라 진짜로 알려지고 드러나기를 바라는 마음에 접촉하게 되는 것입니다. 그 방법은 그 사람과의 경험 속에서 나에게 느껴지는 무엇, 그것이 정말 중요한 단서가 됩니다. 전혀 맥락에 어울리지 않는 기분이나 느낌이라 할지라도 엉뚱하게 풀려나가는 경우가 많습니다. 그게 어려운 이유는 내게 있는 자원, 감정이라는 자료에 관심을 기울이지 않고 상대방을 문제시하며 조작하려고 하기 때문입니다.

퇴마사님과의 예시로 설명해 드리겠습니다. 퇴마사님과 이야기를 할 때 해커의 관점으로 분석해서 "아, 이 사람은 인정 욕구를 채우고 싶어 하는구나." 그걸 파악했다고 가정하겠습니다. 이때 제게 경험되는 서운함이나 화남, 또 슬픔과 같은 감정들은 배제한 채로 또는 억누르면서 "되게 인정받고 싶으셨군요." 이렇게 말하면 실제로 그 여러 감정이 체감되고 공감되지 않은 상태에서는 비아냥거림처럼 느껴지거나 영혼이 없는 위로로밖에 들리지 않게 됩니다. 여기서 감정의 배제나 억누름은 무의식적으로 일어나기 때문에 민감하지 않으면 알아채지 못하는 경우가 많습니다. 그리고 말하는 사람은 비아냥거리려는 의도를 품지 않으려 하더라도 해당 감정에 접촉되지 않은 채로 말한다는 것은 그 감정과의 라포르가 매우 좋지 않기 때문에 부정적인 뉘앙스를 전달하게 되는 것입니다. 해당 감정에 대한 나의 무의식적인 억압이 전달되는 것이죠.

이런 경우에는 절대로 마음이 채워지지 않습니다. 접촉되지 않는 것이죠. 그래서 내가 감정을 느낀다는 것이 굉장히 소중한 겁니다. 그것이 답답한 것이든 슬픈 것이든 짜증나는 것이든 이 감정을 바탕으로 상대방과 연결될 수 있는 다리를 놓을 수 있게 되는 것입니다. 그것이 진짜 라포르를 형성하는 것입니다. 라포르에는 본래 다리를 놓는다는 의미가 담겨 있지요. 다리가 놓이게 되면 함께 체험하게 되는 관계의 질이 극적으로 달라지며 굉장히 깊은 수준의 변화까지도 일어나게 됩니다.

감정의 양극성

감정은 항상 양극성으로 존재합니다. 서운하다고 하면 슬픈 거잖아요? 그런데 사람이 감정 경험을 할 때 그냥 슬픔만 쭉 경험하기보다는 슬프니까 화를 내요. 또는 슬픔이라는 감정과 가깝지 않은 사람은 슬픔을 무의식적으로 억압하고 주로 화를 냅니다. 처음에는 슬플 때 그 슬픔을 표현하려고 했었겠지요. 그런데 옆에 있는 사람들이 슬픔을 싫어하고 경험하기 싫어하면 귀를 닫고 또는 가슴을 닫고 슬픔을 알아봐 주지 않아요. 그렇게 슬픔을 표현하고 드러내도 인정받지 못하고 외면받거나 핀잔을 당하고 까이면 화가 납니다. 화가 나서 다른 사람을 공격하고 미운 말을 합니다. 슬픔을 알아주지 않은 사람을 공격해서 슬프게 만들어요. 알아주지 않는 상대방에게 슬픔을 느끼게 만들어 버립니다. "내 슬픔을 한번 느껴봐라." 이렇게 말이죠. 실제 이런 마음을 의도적으로 먹고 하는 것은 아니지만, 결과적으로 이런 일이 반복되는 것입니다. 슬픔과 분노는 별개의 감정이 아니라 이렇게 항상 쌍으로 붙어 다니는 경우가 많습니다. 그래서 나는 슬프고 피해자가 되어 있고 상대방은 가해자가 되어 있는데 사실은 같은 마음인 거예요. 연동되어 있는 마음입니다. 여기서 공격받아 슬픈 내 마음을 잘 알게 되면 슬프니까 내가 화가 나잖아요. 그래서 상대방을 공격하고 싶어집니다. 그렇게 슬픔과 화를 알게 됩니다. 이해하게 됩니다. 이해하고 알아봐 주면 슬픔에 접촉하는 말을 해줄 수 있습니다. 그때 채워지지 않던 슬픔이 채워지고 드러나면서 화도 함께 싹 날아가 버립니다. 감정이라는 것이 이렇게 엮여 있습니다.

마치 어떤 모임에서는 내가 활발하고 말이 많은 사람인데 또 다른 모임에서는 수동적이고 지켜보는 역할을 자기도 모르게 하는 것과 같습니다. 나라는 존재가 고정되어 있는 것이 아니기에 어떤 모임에서 어떤 관계성에 속하느냐에 따라서 다른 성격이 드러나는 것과 같습니다. 그 자리에 있는 구성원들이 감정에 대해서 가지고 있는 라포르의 정도에 따라서 가장 그 감정이 드러나기에 적합한 사람을 통해서 표현됩니다. 두 사람이라면 둘 중 가장 최소의 에너지를 소모할 수 있는 그런 방식으로 감정이 나타나는 것이지요. 이를 체험적으로 이해하면 나라는 존재가 고정되지 않고 유연해지면서 다른 사람의 세계에 쉽게 연결되는 능력을 갖추게 됩니다.

 감정을 허용하고 있는 그대로 존재하도록 체험하는 것은 이를 다른 사람으로부터 수용 받아본 경험이 많은 사람들이 좀 쉽게 할 수가 있어요. 이것도 빈익빈 부익부 현상이 약간 있습니다. 어린 시절에 나의 존재 그대로, 나의 기분이나 내가 처해 있는 어떤 컨디션의 여하에 무관하게 내가 울면 그 울음이 수용되고 화가 나면 화가 수용되고 이런 경험들을 거의 못해봅니다. 나이를 점점 먹으면서 누가 억울하게 울고 눈물을 보이고 그러면 어디서 우냐고 막 뭐라고 하지요. 화를 내면 화낸다고 뭐라고 하고 울면 운다고 뭐라 하고 가만히 있으면 소심하다고 뭐라 하고 뛰어놀면 넌 좀 산만하다고 뭐라 그리고 맨날 뭐라 그러는 것에 익숙하다 보니 존재 그대로 긍정하는 것이 어떤 것인지 잘 몰라요. 그래서 연습을 해야 합니다.

이는 과잉보호와는 다릅니다. 과잉보호하게 되면 어떤 문제가 생기냐면 내 욕심을 채우는 것과는 라포르가 좀 있을지 모릅니다. 하지만 거절당하거나 배제당하는 것에 대해서는 라포르가 전혀 없어서 견디지 못합니다. 마음의 한쪽 측면만을 허용하는 것이 아니라 모든 마음에 대해서 라포르를 형성해야 합니다. 과잉보호라는 것은 한쪽 측면으로 심하게 치우친 것이죠. 이렇게 한쪽 측면에 치우치게 되면 라포르가 형성되어 있지 않은 반대편 측면의 마음들이 항상 반란을 일으킵니다. 내 마음도 알아봐달라고 찾아옵니다. 그래서 화를 억누르는 사람일수록 화를 일으키는 일들이 더 많이 경험되는 것으로 느낍니다.

나를 사랑하자는 말을 요즘 자주 듣습니다. 하지만 나를 사랑한다는 것이 어떤 것인지를 잘 모릅니다. 단순히 내가 좋아하는 것을 하면서 사는 것인지 남들이 뭐라고 하든 마음대로 하는 것을 말하는지 정확한 정의가 없어요. 이런 경우 나를 사랑한다는 핑계로 타인의 의견이나 감정을 무시하는 경우들이 생깁니다. 그 사람은 자기 안의 어떤 측면을 무시하고 있는 사람인 거예요. 자기 안에 있는 어떤 측면을 무시하고 있으므로 자기가 자기를 대하는 방식으로 남을 대하는 거거든요. 모든 경우가 그렇지는 않겠지만, 예를 들면 나를 사랑하자는 말이나 미움받을 용기와 같은 표현에 꽂혀서 마음대로 행동하고서는 타인으로부터 비판을 받을 때 "나를 사랑해야지, 미움받을 용기를 가지자."라며 합리화하는 경우는 남을 생각해서, 갈등 상황이 싫어서 자신의 욕구를 억눌러왔을 가능성이 높습니다. 또는 다른 사람을 배려하고 양보하는 행동이 상대방에게 알려지고 감사받지 못했을 때의 섭섭함이 분노로 되돌아오게 된 것이죠. 내 안에 있는 대접을 받고, 양보를 받고 싶은 욕구의 억압이 분노와 단절을 낳고 나만을 대접하기로 마음먹은 것입니다. 감정이 홀로 존재하는 것이 아니라 상호작용 안에서 협력적으로 존재함을 이해하고 나의 감정에 지지기반을 둔 채로 상대방과 접촉할 때 진정으로 에릭소니언에 기반을 둔 NLP를 사용할 수 있게 됩니다.

멘탈리스트를 위하여

핵심 요약을 해보자면 모든 것은 모델로 경험된다. 모델 없이는 경험할 수 없다. 그리고 이 모델이 만들어지고 작동하는 원리로 컨빈서를 배웠습니다. 컨빈서가 무엇이고 어떻게 개인의 현실을 창조하는지 그리고 리그레션과 전생 치료, 파트 테라피와 빙의 치료와 같은 모델에서 일어나는 현상과 체험이 어떤 원리에서 발생하는지를 이해했습니다. 바로 모델들의 모델인 월드 모델링에 대해 이해를 할 수 있었습니다. 에릭소니언 NLP는 이 컨빈서의 작용으로 만들어지는 현실 창조의 프로세스에 개입해 들어가는 것입니다. 습관화된 프로세스에 개입하여 현실에 맞지 않아 고통스러운 프로그램을 수정하는 것입니다.

개입하는 방법에 있어서 기존에 많이 취하고 있는 관점인 마인드 해커로서 냉정하고 분석적이고 지적인 측면도 중요합니다. 하지만 이것은 반쪽에 불과합니다. 상대방에 대한 공명과 몰입을 통해서 따뜻한 가슴으로 접촉할 수 있을 때

NLP는 제대로 작동하게 됩니다. 이것을 저는 머리와 가슴이 협조한다. 둘 사이에 다리가 놓인다고 표현합니다. 머리와 가슴이 협조하여 움직일 때 NLP는 비로소 빛을 발휘할 수가 있습니다. NLP를 잘못 배우신 분들이 연애에 적용하는 경우가 많이 있습니다. 다행스럽게도 대개 실패합니다. (웃음) NLP에 대한 이해가 많이 부족하므로 잘 못써요. 전체를 이해하지 않고 부분만 가져와서 사용하는 경우가 많습니다. 결국, 결과도 잘 안 나옵니다. 그런데 약간 타고난 재능이 있어서 NLP를 활용하는 경우 호랑이가 날개를 다는 그런 케이스도 있습니다. 그럴 때 NLP 기법을 남용하게 됩니다. 타인의 감정을 남용하게 됩니다. 그리고 상대방을 착취하는 경우들이 생깁니다. 그것에 대한 합리화도 심리에 대해 배운 만큼 더 강하거든요. 그런 분들은 만나보면 차가움이 있어요. 말은 따뜻하더라도 느껴지는 차가움이 있습니다. 반대로 따뜻한 가슴에만 몰입해 들어가게 되면 연결은 잘되고 공감도 잘되는데 기법적인 섬세함이 떨어져요. 그래서 역량이 충분히 꽃필 수 있는데 좀 아쉽습니다. 충분히 피질 못해요. 그래서 이 두 가지가 상호 연동되어 협업할 수 있다고 한다면 최상의 결과를 낳을 수 있습니다.

그래서 저는 여러분들이 마지막으로 이런 의문을 가지고 돌아가시면 좋을 것 같아요. "내가 가지고 있는 모델은 어떤 모델이지?" 내가 현실로 믿고 있는 모델을 잘 파악하시기 위해서는 아까 말씀드린 것처럼 지적인 분석만 가지고는 잘 안 돼요. 마인드맵처럼 그릴 수도 있고 글로 적을 수도 있겠지만 뭔가 와 닿거나 변화하는 게 없을 수 있습니다. 내 모델에 대해서 가장 잘 알아낼 방법은 지금 내가 느끼고 있는 것들, 그게 기분 좋은 것이든 불쾌한 경험이든 지금 내가 느끼고 있는 것에 발을 담그고 그것이 수용되고 경험이 일어나도록 허락하는 것입니다. 그 경험을 바탕으로 분석을 해보시면 훨씬 더 모델에 대한 매핑이 잘되고 모델의 유연성이 향상되실 겁니다.

그동안 멘탈리스트[*]mentalist가 되기 위한 강의를 여러 차례 해왔습니다. 하지만 사람을 조종하고 조작하는 모델 안에서는 결코 '나는 멘탈리스트다.'라는 충족감을 채울 수 없었습

---

[*] 미국 드라마의 제목으로 사람의 마음을 자유롭게 쥐고펴는 사람이 주인공이다.

니다. 그것은 끊임없이 다른 사람을 관찰하고 분석하고 보지 못하는 것을 발견하고 그 의미를 해석하는 노력을 해야 하는 모델이었기 때문입니다. 이 모델 안에서는 다른 사람을 조종할 수 있는 새로운 기법이나 조류를 놓치지 않기 위해서 계속 애쓰는 삶의 연속이었습니다. 하지만 에릭소니언으로 돌아가 마음에 접촉이 경험되자 기법과 이론에 대한 결핍이 사라졌습니다. 삶에서 만나는 모든 관계와 감정, 무의식과 하위 자아들이 뜨겁게 생동하는 마음의 작동 원리를 제게 알려주기 때문입니다. 아무쪼록 이 책으로 저의 경험이 전달되어 더는 기법과 기술에 얽매이지 않고 '나'라는 존재로부터 자연스럽게 흘러나오는 무정형의 통찰이 함께하는 멘탈리스트가 되기를 기원합니다.

추천 서적

《NLP 입문》 조셉 오코너 , 존 시모어 지음 | 설기문, 이차연, 남윤지 옮김 | 학지사

《밀튼 에릭슨》 Jeffrey K. Zeig , W. Michael Munion 지음 | 신희천 옮김 | 학지사

《NLP 기본법칙을 통한 신념의 기적》 Robert. Dilts , T. Hallbom, S. Smith 지음 | 전경숙, 박정자 옮김 | 학지사

《에릭슨최면과 심리치료》 설기문 지음 | 학지사

《밀턴 에릭슨과 혁신적 상담》 고기홍 , 김경복, 양정국 지음 | 시그마프레스

《치료적 트랜스》 스티븐 길리건 지음 | 김기홍, 이명숙 옮김 |

더북스

《마술처럼 발표하고 거인처럼 말하라》 테드 제임스, 데이비드 셰퍼드 지음 | 윤영화 옮김 | 씨앗을뿌리는사람

《NLP II: The Next Generation》 Robert Dilts, Judith Delozier, Deborah Bacon Dilts | Meta Publications

《세뇌의 법칙》 도마베치 히데토 지음 | 이눌 옮김 | 진경시대

《사람 중심 상담》 칼 로저스 지음 | 오제은 옮김 | 학지사

최면 심리 수업 세기의 최면가 밀턴 에릭슨 / 천재를 카피하는 도구 NLP

1판 1쇄 발행 2017년 6월 7일

지은이 정귀수
표지 사진 Matthew Henry

펴낸곳 저절로북스
출판등록 2017년 1월 17일 제 25100-2017-000007호
주소 서울시 노원구 섬밭로 265 16-1405
팩스 02-2179-9891
이메일 wisdomseller@naver.com

copyright ⓒ 정귀수 Kwisoo Jeong, 2017, Printed in Seoul, Korea

ISBN 979-11-960140-1-8 (03190)
+잘못 만들어진 책은 구입한 곳에서 교환해드립니다.

이 책에 실린 모든 내용, 디자인, 이미지, 편집 구성의 저작권은 저절로북스와 지은이에게 있습니다. 또한 출판사와 지은이의 허락 없이 개인, 단체 등의 교육 자료로 사용될 수 없습니다.

저절로북스